2019年重庆市社科规划特别委托重大项目
重庆市北碚区、西南大学校地合作重大项目
重庆市北碚区重大文化精品工程

北碚文化丛书

景观北碚

郑劲松
张　昊◎编　著
龚　会

西南大学出版社
SWUP
国家一级出版社　全国百佳图书出版单位

图书在版编目（CIP）数据

景观北碚 / 郑劲松, 张昊, 龚会编著. -- 重庆 : 西南大学出版社, 2024.6
（北碚文化丛书）
ISBN 978-7-5697-2400-4

Ⅰ. ①景… Ⅱ. ①郑… ②张… ③龚… Ⅲ. ①名胜古迹—介绍—北碚区 Ⅳ. ①K928.707.193

中国国家版本馆CIP数据核字(2024)第102653号

景观北碚
JINGGUAN BEIBEI

郑劲松　张　昊　龚　会　编著

选题策划 | 蒋登科　秦　俭　张　昊
责任编辑 | 张　昊
责任校对 | 李　勇
装帧设计 | 闰江文化
排　　版 | 何　璐
出版发行 | 西南大学出版社（原西南师范大学出版社）
地　　址 | 重庆市北碚区天生路 2 号
邮　　编 | 400715
电　　话 | 023-68868624
印　　刷 | 重庆亘鑫印刷有限公司
成品尺寸 | 145 mm × 210 mm
印　　张 | 10
字　　数 | 216 千字
版　　次 | 2024 年 6 月 第 1 版
印　　次 | 2024 年 6 月 第 1 次印刷
书　　号 | ISBN 978-7-5697-2400-4
定　　价 | 98.00 元（精装）

“北碚文化丛书”编委会成员

总序

周 勇[1]

习近平总书记在新时代文化建设方面提出了一系列新思想、新观点、新论断，丰富和发展了马克思主义文化理论，构成了习近平新时代中国特色社会主义思想的文化篇，形成了习近平文化思想。习近平总书记还多次对传承和弘扬重庆历史文化作出重要论述，提出明确要求，寄予殷切期望。

重庆是一座具有悠久历史、灿烂文化、优秀人文精神和光荣革命传统，人文荟萃、底蕴厚重的历史文化名城。在江峡相拥的山水之间，大山的脉动与大江的潮涌相互激荡，自然的壮美与创造的瑰丽交相辉映，城镇的繁华与乡村的宁静相得益彰，展现出江山之城的恢宏气势，绽放出美美与共的璀璨风采。

在 3000 多年的发展史上，重庆出现过多层次、多领域、

① 周勇，中国抗日战争史学会副会长、中国城市史研究会副会长、重庆史研究会会长、教授、博士生导师。

多形态的文化现象，其中居于主体地位的是巴渝文化、革命文化、三峡文化、抗战文化、统战文化、移民文化。它们是居于重庆历史和文化顶层，最具代表性和符号意义的文化元素，由此构成了独具特色的重庆历史文化体系。其中，巴渝文化、革命文化彼此相连，贯通始终，传承演化，共同构成今日重庆历史文化体系的学理基石，也是形成今日重庆人文精神以及重庆人、重庆城性格特征的文化基因。三峡文化、移民文化、抗战文化、统战文化，是在不同历史时期和历史环境中，重庆大地上产生的特色文化。在漫漫历史长河的不同阶段中，发挥着独特的作用，至今仍是重庆历史文化中极具特色的因素，发挥着核心竞争力的作用。

北碚，地处缙云山麓、嘉陵江畔，是一个产生过凤凰涅槃般传奇的地方。

100 多年前，北碚还只是一个山川美丽，但匪患肆虐的小乡场。到 80 多年前的全面抗战时期，北碚发展成为一座享誉中国的美丽小城。新中国成立后，北碚发生了翻天覆地的变化。如今的北碚，已经是重庆主城都市区的中心城区。北碚的百年发展史展现出极具时代特征的突变性、内涵式发展的特质。北碚素来生态环境优良、人民安居乐业，科学教育发达、创新活力迸发，产业发展兴盛、工业基础雄厚，尤以历史渊源悠久、文化底蕴深厚而著称。这在重庆历史文化体系中具有综合性、典型性、代表性。

近年来，在中共重庆市委的领导下，全市上下认真落实党中央部署要求，加快推进文化强市建设，开创了文化繁荣发展新局面。面对新时代、新征程的新使命和新要求，市委作出了奋力谱写新时代文化强市建设新篇章，为现代化新重庆建设注入强大精神力量的重大部署；特别强调“要大力传承弘扬中华优秀传统文化，深化历史文化研究，加强文化遗产保护，抓好优秀传统文化传承，推动巴渝文化、三峡文化、抗战文化、革命文化、统战文化、移民文化等创造性转化、创新性发展”。

在建设重庆文化强市的赛马比拼中，北碚人用满满的文化自觉与文化自信，以历史的眼光重新审视北碚，以文化的视野宏观鸟瞰北碚，以艺术的手段通俗表现北碚，从史话、名人、抗战、乡建、教育、科技、诗文、书画、民俗、景观十个方面，全面而系统地梳理了北碚的文化和历史，构成了图文并茂、鲜活生动的北碚文化长卷。这部十卷本的“北碚文化丛书”，就是北碚人书写北碚传奇的代表作，更是向时代和人民交出的一份厚重的文化答卷。

“北碚文化丛书”具有广泛的包容性。它涵盖了历史沿革、文化遗产、民俗风情、民间艺术、人文景观、贤达名流、文学艺术、教育科技等方方面面，既有地域文化的基本要素，更彰显了北碚在抗战、乡建、教育、科技等方面在中国近代历史上的突出特色。

“北碚文化丛书”以学术研究为依托，史料基础可靠，学术名家参与，表达通俗易懂，集系统性、知识性、可读性于一体，有存史资政的收藏价值和指导旅游观光的实用价值。

“北碚文化丛书”是校地合作的有益尝试，既是对北碚地方文化的一次学术性清理，在史料整理、学术研究方面展现出全面、系统的特征，也为基层地域科学地挖掘整理在地文化积累了可资借鉴的经验。

这些年来，我着力于重庆历史文化体系的研究，组织编撰了十二卷本的“重庆人文丛书”，力图勾画出“长嘉汇”源远流长，“三峡魂”雄阔壮美，“武陵风”绚丽多彩，人文荟萃、底蕴厚重的重庆历史文化名城的文化新形象。这套十卷本的“北碚文化丛书”，是继“重庆人文丛书”之后，重庆市域内出版的第一部区县文化丛书。我相信，这部饱含着浓浓乡情，充满了城市记忆，洋溢着北碚味道的文字和画面的丛书，将使北碚的历史文化得以活在当下，让北碚的历史文脉传承延续，绵绵不绝。

同时我也希望各区县都能像北碚这样虔诚地敬畏自己的历史文化，努力地整理自己的历史文化，用煌煌的巨著来传承自己的历史文化，尤其是从市委提出的重庆文化新体系中找准自己的文化新定位，让生动鲜活、丰富多彩、千姿百态的区域文化，共同汇聚成彰显重庆文化新体系的百花园，建设具有中国气象，巴渝特色，万紫千红的山清水秀、美丽之地。

是为丛书总序。

目录

CONTENTS

总 序……001

引 言……001

第一篇章 大美缙云……015

缙云山传说……017

缙云九峰……022

缙云三崖……029

缙云古寺……035

缙云二观……040

中共中央西南局缙云山办公地旧址……044

黛湖……048

凭风看云……051

腾龙垭观景台……054

雨鸣涧……058

缙云山健身梯道……060

第二篇章　温泉故里……063

北温泉……064

新北温泉公园……073

十里温泉城……074

三花石与花房子……076

澄江口与美龄堂……079

烟湖滩……084

金刚碑历史文化街区……088

巡江步道……093

第三篇章　碚城风韵……095

北碚的碚……096

嘉陵江小三峡……101

沥鼻峡……105

温塘峡……110

观音峡……114

八桥叠翠……117

马鞍溪……121

龙凤溪……123

小街大爱……126

重庆自然博物馆……129

卢作孚纪念馆……136

梧桐街……140

北碚图书馆……144
北碚红楼……148
北碚公园……152
闹市舞台……155
正码头广场……158
四世同堂纪念馆……162
雅舍与月亮田……169
报警台……174
张自忠烈士陵园……178
天生街……183
彩虹桥……187
状元碑……190
歇马……194
晏阳初纪念馆……198
大磨滩瀑布……201
天台寺……206
三溪口豆腐鱼美食街……209
举人楼……211
巴渝农耕文化陈列馆……215

第四篇章　江东盛景……217

古郡东阳……218
复旦大学抗战内迁北碚旧址……222
白庙子……227

道明寺……229
潜庐与“小延安”……231
重庆市蚕科院……235
明心桥……237
文星阁……239
张飞古道……242
天子寺与天子寨……244
北川铁路遗址……247
天府煤矿……250
文星场……252
水土沱……254
滩口牌坊……256
静观花木……259
静观蜡梅博览园……263
塔坪寺……266
柳荫东升村……269
金刀峡影……273
王朴烈士陵园……284
偏岩古镇……287
胜天湖……294
西山环线……298
海底沟地下水库……301

后记……304

引言

花开高山流水间

住在山水之间，
山水成了北碚人的生命；
行走北碚山水，
你就成了山水的一部分，
山水的精灵。

一

世间万事万物，总是依存于一定的时间与空间。犹如一个坐标，时空交错，锁定了一个人、一件事、一个地方的方位。过去预示着现在，现在也昭示着未来。时间改变空间，空间也在重新定义时间。

那么，北碚是一个怎样的所在？她的过去、现在、未来，她的时间与空间，给我们怎样的启示？一言以蔽之：“花开高山流水间”——时空中的北碚，山水中的北碚，一如花样年华的人生。

其实这个题目早在心中，也早在笔下：2007 年，也就是我求学于斯、工作于斯，也将终老于斯的西南大学迎来教育部本科教学工作水平评估。那时，刚合校两年，为便于评估专家了解学校，也便于向外界介绍新成立的西南大学，学校决定编写一本书，主要由我和几位同事执笔，纳入中国教育报刊社的“漫游中国大学丛书”，要求以“漫游”解说的方式，用散文笔法，将历史、人事穿插于景观之中，写作一部“情景”校史。第一章必须交代学校地理方位。我苦思冥想很久，终于落下“花开高山流水间”七个大字。于是就出现了这样一段本着美好心愿而自美其美的文字：“缙云山麓，嘉陵江畔。四季常青，浓荫匝地。鸟语花香，青春常聚。西南大学，就在这背负高山，面朝江水的美丽之地孕育生长，荟萃人文。”

任何书写都有着或隐秘或明白的理由。那么，这样的描述该做怎样的解读？庆幸的是：北碚这片地方总能为你的涉嫌溢美之词“自圆其说”。

二

说背负高山，山即指缙云山，其最高峰海拔高达九百余米，为重庆主城最高点。它雄峙嘉陵江温塘峡畔，是七千万年前“燕山运动”造就的“背斜”山岭，古名巴山。山间白云缭绕，似雾非雾，似烟非烟，磅礴郁积，气象万千。早晚

北碚正码头全貌　李继洪　摄

霞云，姹紫嫣红，五彩缤纷。古人称“赤多白少为缙”，故名缙云山。缙云山与嘉陵江小三峡、合川钓鱼城一起，被定为首批国家级自然风景名胜区。

一所大学因山而得自然神韵，乃基于人与自然的和谐共生关系——缙云山气候温和，雨量充沛，据传唐代诗人李商隐的名篇《夜雨寄北》中“巴山夜雨涨秋池”写的就是此山。山上森林茂密，达一千多公顷，生长着两千多种植物，包括猴欢喜、无刺冠梨、缙云琼楠、伯乐树、银杏、红豆杉和飞蛾树等珍稀植物，以及世界罕见的活化石树——水杉，这是一亿年前即已存在的古生物物种。“靠山吃山”不仅仅是一种生存的比喻，文化教育也同样可以如此因地制宜，西南大学生命科学学院就设有亚热带植物研究所。老校长、生物学家钟章成教授，就与缙云山有着不解的学术情缘。他深耕缙云山多年写下的专著《常绿阔叶林生态学研究》，是我国第一部现代常绿阔叶林生态学著作，被学界誉为“中国常绿阔叶林研究的里程碑”。

直到今天，缙云山也是西南大学重要的天然标本园和实验场。如果漫步林荫之间，你还会不时发现“食品科学学院”“植物保护学院”“园艺园林学院”“地理科学学院”等实验基地的字样。因为山间多竹笋、多蕨菜、多菌菇等天然的绿色食品，自然为人喜爱，食品研究于斯，也同样可谓得天独厚；山间植物品类繁多，不用远足，即可做植保观测研究；山间峰秀林茂，涧幽水潺，为天然园林，美术、园林专业师生可以在这里师法自然。科学与自然的交融，如此相得益彰。

三

而说起“面朝江水”，这水当然首先指嘉陵江。她是长江的重要支流，全长一千多千米，发源于秦岭北麓的陕西凤县境内天台山。天台山因传说是炎帝神农氏升天之台而得名，山上有炎帝陵，故曰嘉陵。嘉陵江从千里之外逶迤而来，在汇入长江前的四十余千米处，有一道美丽的拐弯。这一拐，就拐出一座玲珑小城，也拐出一所美丽的大学。

北碚当然不仅仅只有缙云山这座山，也不仅仅只有嘉陵江这道水。

江对岸顺延至金刀峡所在的山谷，是另一脉著名的山系——华蓥山。但金刀峡之“魂”不正是峡谷之中的潺潺流水吗？山不穷，水无尽，金刀峡之外的偏岩古镇的流水也别有风情，恰是偏岩的“灵光”所在。除了这道水，北碚旧城月亮田外、龙凤桥下，还流淌着一条蜿蜒美丽的小河——龙凤溪。说溪，可能是因为“小而美”的美学原则，其实，这条河逆流而上，一直可以抵达中梁山，只是在北碚歇马的大磨滩“飞流直下”写下一个大大的“叹号”之后，她的上游已叫“梁滩河”。这道水又将著名的歌乐山、中梁山连接起来。所谓“山水相依”，大概就是如此，任何一座山都可以连着另一座山，任何一道水都可以连通另一道水，任何一条路也接着另一条路。

北温泉旁边的澄江镇也有一道差不多被人遗忘的小支流——“运河”，从江边一直延伸到缙云山后山的很远的山沟，中间有一处名为“烟湖滩”的所在。光听名字，就充满诗情画意，想那薄雾迷离、云烟升腾，该是多美。这道水的另一侧，连着北碚的邻居——璧山与合川。

所以，是几道缠缠绕绕的水系，勾画出北碚的边界——其实无所谓边界，而是用青山绿水为颜料画画似的，“圈”出了北碚的全域方位，“绣”出北碚的锦绣文章。

山水相依，集流成河。先哲孔子在川上感叹“逝者如斯夫，不舍昼夜”，像是追问自然，更像是在追问自己。河流从来就这样表达着文化与自然、人伦与时空的“唇齿相依”。很多地方的河流都被当地人亲切地称作母亲河，我想道理即

北泉飞瀑

在于此。嘉陵江之于两岸的人们，也是如此。

嘉陵江在朝天门汇入长江时“泾渭分明”：清澈处为嘉陵江，浑浊处即为长江。地理学家认为，很大程度是因为嘉陵江在北碚一段涵养了足够的清澈与湿润。这条纯净的河流、温情脉脉的河流，如同一位天生丽质、没有心事的女子，踏着欢快的浪花一路静静地“走”到长江去。但，她还是因留恋北碚小城而稍稍驻足，在江边“抛下”一大片布满鹅卵石的宽阔河滩。只要天气晴好，这里就会堆满北碚的学生、儿童或市民，或看书，或游玩，或写生画画，或有二三情侣依江而偎，“面朝江水，春暖花开”！

如同瓦尔登湖的水让梭罗看到了简单朴素而美好，康桥的水在徐志摩的诗中碧波荡漾，嘉陵江的水也成为北碚人身边最洁净、最柔软的地方，成为可以“偷得浮生半日闲”的精神栖息地。

这样的绿水青山，不是金山银山，又是什么？

四

人在山水间，山水也就成了文化。文以化人，方能成就人杰地灵。

特殊的时间总是定义着特殊的空间。抗战时期的北碚，是大后方重要的文化中心之一，聚集着众多文化艺术与科教名家，这是北碚难得的人脉与文脉。

文史资料记载，当时来北碚工作和生活的全国知名文化人士可列千人以上。其中的作家、诗人就有老舍、梁实秋、林语堂、路翎、端木蕻良、方令孺、姚雪垠、靳以、艾青、邹荻帆、绿原等；教育家及文学理论家有梁漱溟、晏阳初、陶行知、黄炎培、孙寒冰、伍蠡甫等；剧作家有曹禺、洪深、赵清阁、焦菊隐、陈白尘等；电影艺术家有郑君里、张骏祥、盛家伦等；史学家有顾颉刚、翦伯赞、周谷城等；新闻学界有陈望道、韦素园等；书法家有于右任、沈子善等；画家有叶浅予、冯法祀、廖冰兄等；佛学家有太虚、熊十力等；音

 幕色中的北碚老城 谭红钢 摄

乐家有贺绿汀、储师竹等；翻译家有杨宪益、梁宗岱、叶君健等。常来北碚小住的文化名人还有郭沫若、田汉、张瑞芳、白杨、秦怡、丰子恺、陶金、叶圣陶、李公朴、冰心等。老舍的长篇小说《四世同堂》第一、二部，路翎的长篇小说《财主底儿女们》、梁实秋的《雅舍小品》、梁漱溟的《中国文化要义》、翦伯赞的《中国史纲》等均写于北碚。

之所以列出这一长串灿若星辰的名字，其实出自一种传承的渊源。走进西南大学的图书馆，你就知道，其特色之一就是抗战大后方文献，尤其是重庆抗战文学资料颇为丰富，其他高校图书馆难以望其项背。学校还建有重庆中国抗战大后方研究中心。那段难忘的历史人文早已进入一所大学的学术文脉，渊源相袭，薪火相传。

不是吗？北碚至今流传着一首原创地方民歌《嘉陵江上好风光》，原唱者正是西南大学校友、曾在广西南宁国际民歌节夺得金奖第一名的郭亚飞。歌中唱道：“嘉陵江上好风光，一泻千里奔长江，川江号子震天吼，风扬吼声上云帆。嘉陵江上好风光，有个川妹子站船上，望得哥哥心发慌……”

现实与历史的回声相互激荡。这里还诞生过一首广为传唱的经典抗战歌曲《嘉陵江上》。1939 年，“流亡”到此的东北作家端木蕻良游览嘉陵江小三峡，面对美丽的山水风光，想起早已沦陷日寇铁蹄的东北故土和亲人，触景生情写下《嘉陵江上》歌词。在距北碚不远的合川草街，在陶行知先生创办的育才小学，音乐家贺渌汀看到了这首词，反复吟咏，六易其稿，创作了曲谱。歌中唱道：“那一天，敌人

打到了我的村庄 / 我便失去了我的田舍、家人和牛羊 / 如今我徘徊在嘉陵江上 / 我仿佛闻到故乡泥土的芳香……”一江碧水的家国情怀，让多少热血男儿热泪盈眶。

同样的情形出现在隔江而望的东阳夏坝——它与重庆沙坪坝、成都华西坝、江津白沙坝并称抗战“文化四坝”。抗战时期，复旦大学迁来此地，作家萧红短暂栖居，开始创作名篇《呼兰河传》。想那呼兰河当然远在千山万水之外的黑龙江，但临江写作之际，嘉陵江又岂不是她心中奔腾不息的呼兰河？

嘉陵江北碚段　李继洪　摄

五

一个地方的底蕴就是在这样的风风雨雨中形成的，因为它承载历史；一个地方的魅力也是这样形成的，因为它有厚重的底蕴。有底蕴，才能从历史走向未来，才能走得更有颜值。据新闻报道，2018 年 6 月，世界温泉及气候养生联合会负责人到北碚考察并正式签署协议：在北碚设立亚洲地区唯一的区域办事处，成立亚洲温泉研究院，并将北碚确定为世界温泉论坛的永久会址。

北碚素有“中国温泉故里”的美誉。史料记载，北温泉迄今已有近 1600 年的历史。作为中国乃至世界上开发利用最早的温泉之一，这是否预示着北温泉在新的时代“重生”？同样“重生”的是紧邻北温泉的金刚碑古街，这个很多人心心念念的地方已“修旧如旧”式修复重建，揭开了崭新而又似曾相识的面纱。

叮叮当当的敲打声，应和着叮叮咚咚的山泉流水，寂静的山林也跟着醒来。这一股股深埋地下的、有温度的泉水，正在自信地开启北碚山水的新时空。

早在二十世纪二三十年代，卢作孚先生将北碚经营成乡村现代化建设的典范和模范区，陶行知等教育家的平民教育，梁漱溟、晏阳初等大儒的乡建运动，穿越时空，对应着今天的乡村振兴战略。

除了“温泉故里”这一或多或少曾被弱化的名号，北碚还有着国家园林城区、国家卫生区、国家环境保护模范城区、国家生态示范区等称号，并荣获中国人居环境范例奖、迪拜国际改善居住环境最佳范例奖……

北碚的自信底气十足而特色鲜明。“具有景城交融的空间优势、山水相依的自然优势、源远流长的人文优势。”准确的定位是精准施策的前提。“嘉陵江城市滨江休闲带、缙云山温泉度假区、金刀峡生态度假区”——“一带两区”的全域旅游格局呼之欲出。“整合巴渝文化、乡建文化、抗战文化、红色文化，把文化元素植入景区景点、融入城市街区、嵌入美丽乡村”——听上去很美，瞬间的即视感也十分清晰，我对这样的北碚充满期许。

我见青山多妩媚，料青山见我应如是；
我观流水更多情，想流水观我也如斯。

见山是山，见水是水，这是一种归璞返真的哲学回归。住在山水之间，山水成了北碚人的生命；行走于北碚山水间，你就成了山水的一部分，山水的精灵。

第一篇章 大美缙云

缙云山曾被称为川东小峨眉,因为她的自然风光,更因为她的历史与文化。

山上古木参天，翠竹成林，环境清幽，景色优美，可观日出，览云海，是春赏花、夏避暑、秋迷雾、冬玩雪的好去处。

缙云山植物资源丰富，是长江中上游地区具有代表性的亚热带常绿阔叶林林区和植物物种基因库。缙云山保护区有植物 2407 种，其中国家一级、二级保护植物有 83 种，有缙云四照花、缙云槭、北碚榕等模式植物 35 种，是长江中上游地区典型的亚热带常绿阔叶林林区和植物种基因库，具有较高的保护价值和科学研究价值，是开展森林科考研究、生态教学实习及环境保护教育等活动的基地。

缙云山云遮雾绕之间，从北到南，分布着九座山峰，人们根据其形象，分别叫作朝日峰、香炉峰、狮子峰、聚云峰、猿啸峰、莲花峰、宝塔峰、玉尖峰、夕照峰。缙云山最高处海拔 952.2 米，也是重庆主城最高处，所以，缙云山是主城第一高山，也是第一名山。

缙云山传说

从地理学来说，缙云山是七千万年前“燕山运动”造就的“背斜”山岭。但民间关于缙云山和缙云九峰的来历，却有着一个美丽动人的神话传说。

远古时代，巴山、峨眉、天仓（今青城山）是巴蜀地界远近闻名的三座神山，相传是盘古左手中指的三个骨节分别幻化而成，呈三角稳固之势，聚蜀中灵气，护千里苍生。巴山一带，居住着两个勤劳而善良的氏族，一个是巴族、一个是賨（音丛）族。他们和睦相处，靠打猎和捕鱼为生。山上有一个石穴，终年翻涌着一股暖人心脾的温泉水（就是今天的北温泉）。这水，据说是王母娘娘的玉液池裂了一条缝，流淌到巴山来的仙水，巴山上的人喝了这仙水，岁数都活得很长很长，洗了这仙水，从不生疮染病。巴、賨两个氏族过得十分快乐，却卷入了一场战争，为了抵御外来侵略，有九位勇士化成九座雄伟高大的山峰，挡住外来者的去路，它就是现在的缙云九峰。

缙云山

天下有灵气，缙云赢一分。因缙云山灵气十足，轩辕黄帝便来此炼丹，丹成时冲向天空的丹火久久不熄，烧红了半边天。从此山边早晚常起红霞，色赤如火，异彩缤纷，是谓缙云。于是轩辕黄帝将此山更名为缙云山。后世文献记载：“轩辕黄帝往，炼石于缙云堂，于地炼丹时，有非红非紫之云现，是曰缙云，因名缙云山。”

神话传说不可考证，只是劳动人民的想象和附会，关于缙云山，还有一个传说更加富有诗意。

缙云山古称巴山，平均年累计降雨量 1169.2 毫米。夜间多雨。年平均降雨量白天为 453.8 毫米，占全区降雨量的 43.2%；夜间为 598.1 毫米，占全年降雨量的 56.8%。秋季降水量占全年的 23%，每年秋至，阴雨霏霏，绵延不断，夜间尤甚。据说，唐朝著名诗人李商隐的著名诗篇《夜雨寄北》就写于缙云山，写的是缙云山夜雨。

夜雨寄北

李商隐

君问归期未有期，巴山夜雨涨秋池。

何当共剪西窗烛，却话巴山夜雨时。

唐大中年间，李商隐入川，担任东川节度使掌书记时，曾几次由梓潼经小川北路顺小三峡到重庆。据说，有一年秋天，舟过嘉陵江温塘峡，慕名登上缙云山。

住在大林寺中，窗前夜读，耳闻淅淅沥沥的雨声，推窗观看，密密麻麻的雨点洒入寺前池塘，平静的水面，水花飞溅，池塘水位高涨。诗人触景生情，勾起对故乡的眷恋，于是挥笔写下了这首脍炙人口的千古绝唱。

据传，有人在山下的金刚碑一个张姓人家里看到过一幅明代古画，题名《李商隐夜雨寄北图》。画面是一深山古刹的夜景，古刹的窗口燃着一盏油灯，一位老者端坐窗前挥笔写诗，画上落款还有“缙云山 ×× 寺”等字样。可惜，这幅画现在已不知落入何人之手，经过多年寻觅，至今仍未找到确切的踪迹。2007 年，有四个外地人还来缙云山寻宝呢，足足在后山挖了好几天。

缙云九峰

缙云山有九峰，有诗赞曰："狮子摩霄汉，香炉篆太空。朝阳迎旭日，猿啸乱松风。夕照三千界，莲花七窍通。玉尖如宝塔，更有聚云峰。"缙云九峰奇峰耸翠，林海苍茫，又各有千秋，云集了巴山蜀水的幽、险、雄、奇、秀等突出特征。日落之际，阳光映照，群峰之上，霞光灿烂，"缙岭云霞"也是著名的巴渝十二景之一。

其中的香炉峰、狮子峰最为出名，留待后文详述。先简要介绍其他七峰。

朝日峰海拔 851 米，是缙云山九峰中从东北到西南的第一峰，因晨光初照，先得朝日得名，峰峦雄峙，首露峥嵘。

聚云峰海拔 841 米，因此峰有一海螺洞，又名海螺峰。该峰在缙云寺后，林木茂密，翠绿苍郁。因为峰顶水汽蒸发，常有云雾聚集而得名。这里的自然生态环境保护得很好，原西南师范大学生物系曾于 1982 年在此建立"亚热带常绿阔叶林半定位研究站"。海螺洞位于聚云峰右侧山垭的岩石上，洞口径 1.8 米，深 3 米左右。

猿啸峰海拔 880 米，峰峦险峻，很少有人攀登。古书记载："霞融云散，天朗气清，则鸟兽皆舞。时有猿焉，千百成群，长鸣于岭上，如怨如慕，如泣如诉。寄傲于烟霞之外者，是为猿啸峰焉。"不过，现在已很少能看到猿猴了。

莲花峰海拔 884.5 米，峰顶岩石状如莲花。古书说："石镜澄明，万物普照，而山花交映，可观而不可摘者，是为莲花峰焉。"

宝塔峰海拔 882.6 米，形状像宝塔而得名，传说是古代印度阿育王修建的八万四千宝塔之一。

玉尖峰海拔 814 米，峰形似圭，故名玉尖峰。古人云："缙云也，赤欤？赤欤！然而云既行，则雨必施，甚或雪花乱坠，六出霏霏，如圭如盘，而突兀峥嵘者，玉尖峰也。"

夕照峰海拔 882.6 米，是缙云山九峰中最末一峰，位置偏西，因为太阳落山，面临夕阳晚照而得名。缙云九峰，九九归一，万法归宗。

狮子峰

"蟒塔传殊古，狮峰势独雄。"九峰之中，狮子峰最为险峻壮观，其海拔为 864 米，从半山的缙云寺登顶，拾级而上，正是缙云登临第一峰。游览完螺音依稀的海螺洞，欣赏完松风阵阵的松林、白云缭绕的竹海，再爬一段陡峭的石梯，只见一座古朴低狭的石门耸立眼前，这是狮子峰上古狮子寨寨门的遗迹，寨门后，还有咸丰十一年（1861）立的《修寨碑记》。俯首穿越石门，迎面所见，便是景色秀丽的狮子峰了。

狮子峰顶有座方形石台，名叫太虚台，是 1938 年汉藏教理院的师生为庆祝中国佛教学会会长、汉藏教理院院长太虚大师五十寿辰而建，专供大师在此练功。石台正面刻有“太虚台”三字，四方都有圆形拱门。台内嵌有石碑，刻有《太虚台记》。

狮子峰顶山岩裸露，突兀嵯峨，因多年岁月侵蚀，岩层

 缙云九峰　李继洪　摄

风化，被分割成大大小小的球状石垛。因其远眺如雄壮的狮头，自下仰望则其形貌状类雄狮俯卧峻岭，故名为“狮子峰”。冬季山尖偶有雪花飘落，狮子峰上金狮带雪，一夜白头，更是美不胜收。

缙云山层峦叠翠，竹影遮掩，行走山中，放眼皆是碧绿，视线常为山林遮掩。而托了狮子峰突兀嵯峨的裸露山岩，狮子峰顶虽然狭窄却视野开阔，成了不可多得的观景平台。紧

靠绝壁，在一块比较平坦的岩石上，有用铁栏杆围起的一个览胜台。登临此处，背后是近在咫尺，似乎触手可摸的香炉峰瞭望塔，俯瞰则悬崖峭壁，峰峦起伏，可见掩映于一片翠色中，如小舟般飘浮于林海的缙云寺全貌。左侧群山绵延，嘉陵江蜿蜒如玉带，观音峡上两桥飞架如虹，当面则可纵览北碚区老城、新城的全貌，可谓“无尽江山胜，都归一览中”。

峰顶地面有两个尺余长一寸多深的脚印。传说很久以前，缙云山就以其秀丽风景而名扬九州。一天，佛教迦叶和道家真武不约而同前来，被这里的美景所吸引，都想在此山上布道传教，各不相让，决定比武斗法。“神仙打仗，凡人遭殃”，一时间弄得乌烟瘴气，百姓怨声载道，怨气直冲九霄。玉帝大为生气，急传两人上天问其缘由，原来是为争一座山峰而起。玉帝见两位各不相让，又都德高望重，判给谁都不妥当，于是宣旨说，谁能让另一位离开缙云山，就可留在山上布道传教。两人听旨后急忙下降峰头，站在峰头看四周，越看越喜欢，越看越觉得这山若被对方占去实在可惜，但又都想不出妙法让对方离去，就这样七七四十九天过去了。迦叶终于心生一计，他对真武说：“如果你能一步跨到对面的山上去，我就甘心退出。”神仙看得远，说的对面，就是今天重庆南岸的真武山，山名也因此而来。真武心想这有何难，就说“此话当真？”迦叶答道：“佛言无悔。”于是，真武就真的一步跨到了对面山上，因用力过猛，就留下了这一对脚印。结果还是只能依照玉帝圣旨为准，真武输了。迦叶将真武骗离狮子峰后，便在此传教。所以，缙云寺是迦叶道场。

香炉峰

香炉峰与狮子峰相对，海拔 854 米，恰比海拔 864 米的狮子峰略低，站在狮子峰观景台上可俯视咫尺之遥的香炉峰，然而香炉峰上又建有主要用于国家级自然保护区缙云山防火观测用的高达 41.1 米的观景台——香炉峰瞭望塔，两相叠加，反而轮到狮子峰“高山仰止”了。

香炉峰是缙云九峰中景观最奇特的一个峰。清光绪二十四年（1898），在峰上筑有“青云寨”，恰与狮子峰上的狮子寨相为依照，互为犄角。所谓“望山跑死马”，站在狮子峰顶，近旁的香炉峰似乎触手可及，对面游人近在眼前，耳音可闻，几可手握。然而若想抵达，却要先沿着狭窄险峻的山路下至半山腰，再顺路蜿蜒而上，一下一上之间又耗费了半晌的浮光。

与狮子峰因峰峦状类狮子而得名的缘由所不同的是，香炉峰的得名源于峰旁的香炉石。香炉石乃天生石柱，高约 20 米，离香炉峰崖 3 米，笔直耸立，险峻欲崩，岩体隽秀，岩面凹凸，形似长颈香炉，故名香炉峰。

关于香炉奇石的由来，也有一段颇有趣的传说。有典籍记载：“轩辕黄帝往，炼石于缙云堂，于地炼丹时，有非红非紫之云现，是曰缙云，因名缙云山。”而香炉峰恰是当年轩辕黄帝金丹炼成之后宴请群仙之时所用的一个酒壶。其上层盛满琼浆玉液，下层则燃烧赤炭，酒温热之后香气缭绕，配以缥缈优雅的弦歌雅乐又是一番热闹繁盛景象。可惜轩辕黄帝并未汲取当年大闹天宫的教训，也没有宴请齐天大圣孙悟空。大概猴儿们之间有什么灵通渠道，转瞬之间缙云山的猿猱便将此番消息传至花果山，顿时惹恼了好泼猴，不远千里来缙云山兴师问罪，大闹宴席，打翻桌案，将那一尊大酒壶也给翻了个底朝天，倒立在缙云山上，壶中美酒流淌出来，就变成了缙云山中“水滑洗凝脂”的温泉水。轩辕黄帝无奈之下，只好将酒壶顺势改成香炉立在山巅，从此之后，缙云山就有了奇趣天成的香炉石，也就有了秀雅绝伦的香炉峰。

缙云三崖

缙云山又称川东小峨眉，除了“峨眉天下幽”的相似景观特点外，缙云山也有佛光岩、相思岩和舍身崖，也是原因之一。不过，缙云三崖的说法，却与峨眉山不大相同。

佛光岩

朝日峰下有一处 20 多米高的悬崖绝壁，石壁上石头的纹路，就如大树的年轮，圆中心有一尊坐佛图案，以坐佛为中心，绝壁上呈现出一圈一圈不断扩散的光环图案，直至绝壁边缘，在阳光照耀下熠熠生辉，有如坐佛光芒四射，普照人间。这里就是缙云山一绝——佛光岩。

说起佛光岩的发现，还有一个真实的故事：1989 年 6 月 6 日，缙云山遭受特大暴风灾害，朝日峰这一带高大林木损失惨重，树木损毁后，这一绝壁也就显露出来了，只是人们并未特别留意。直到 1998 年春，原西南师范大学地理系（就是今天的西南大学地理科学学院）刘宗群教授在考察教学中发现了这一绝壁上的奇怪图案，并向缙云山管理人员谈及此

缙云三崖

事。初夏时节，原北碚区旅游局王洪局长陪同客人到此查看这一奇特现象，于是取名佛光岩，一时广为传播。

舍身崖

舍身崖海拔 952.2 米，是一处高约百米的凹形悬崖。崖下竹海万顷，高低起伏，错落有致。站在崖上可远眺风景秀丽的北碚城，蜿蜒曲折的嘉陵江，雄伟壮观的观音峡，顿觉心旷神怡，大有飘飘欲仙之感。但游客得小心，千万不要一脚踏空，踏空了就有去无回了，古人有悬崖勒马之说，这里应该就是悬崖止步，所以这里叫作舍身崖。

这里有缙云山三大奇观之一的舍身崖飘物奇观。在夏秋季节的晴好天气，向崖下抛落重量轻的物体，如草帽、竹枝等，飘下去以后它又会晃晃悠悠地飘到岩上来。专家们分析，这可能是夏秋季节气流抬升的缘故。所以，经常有人在此打坐练功，不思返程。

相思岩

缙云山的第三崖。相思岩在香炉峰下，纵横百米，深山一壁，光滑峻峭，气派壮观。岩下古木森森，幽篁成林。下面刻有多处宋代摩崖石刻，有处崖壁形状如塔，塔下凿有石窟，是埋葬僧人骨灰之地。那尊巨石，远远望去，像是一个人在沉思，就像《神雕侠侣》中过儿在练“黯然销魂掌”。所以，这里就叫相思岩。

民国时期纂修的《北碚志稿》写道：“山有相思岩，娟秀美丽，攀其巅者，徘徊不忍去。”宋时冯时行，字当可，号缙云，当年在缙云寺中读书时，常流连于相思岩上，后来被贬后重回缙云山，写有《春题相思寺》五律一首：

系艇依寒渚，扶筇上晚林。
山山春已立，树树雨元深。
扫叶移床坐，穿云买酒斟。
相思思底事，老大更无心。

缙云寺又名相思寺。这也奇怪，寺庙乃出家之人所居之地，出家人讲究弃绝红尘，为什么还要大谈特谈相思之苦呢？

古书《蜀中名胜记》记载："缙云寺即古相思寺也。以此山有相思崖，生相思竹，形如桃钗矣。"《四川通志》云："又有相思鸟，羽毛绮丽，巢竹树间，食宿飞鸣，雌雄相应，笼其一，则其一随之。"

相思寺，相思竹，双宿双飞的相思鸟，缙云山中还有很多珍贵树木红豆杉和红豆树，也称相思豆。如果联系李商隐的千古绝唱《巴山夜雨》，缙云山，叫作相思山又何妨。

缙云古寺

缙云山称作川东小峨眉，主要与它丰富的佛教文化遗址有关。缙云山是具有1600多年历史的佛教圣地，曾有缙云寺、温泉寺、白云寺、绍龙寺、大隐寺、复兴寺、石华寺、转龙寺等八大古刹，还有1932年成立的世界佛学苑汉藏教理院遗址等。

1600多年间，缙云寺几易其名，也历经数度破坏和修缮。

缙云寺，古名相思寺，始建于南朝刘宋景平元年，即公元423年。缙云山自古是深山老林，荒无人烟，常有毒蛇咬人。传说慈应长老开山建寺时，得到三种灵物相助——“蟒蛇滚路，鸡公化缘，黄牛送水”，天长日久，这三灵物得道成仙。以前，在缙云寺就建有蟒塔、鸡塔和牛塔，可惜早已毁坏。北周年间，大部分庙宇佛像被毁。唐贞元（785）中，浙江幽谷净满禅师入蜀，他的老师无见睹禅师指示他说“逢缙则上，逢云则住”，于是他进山重建缙云寺。

唐大中元年（847），宣宗皇帝封赐缙云寺为相思寺。公元874年，宏济和尚进行重建。宋开宝四年（971），慧

缙云寺

灌禅师主持重建后，真宗咸平元年（998），将宋太宗御诵梵经 240 函迎来寺中供奉。景德四年（1007），宋真宗下令改相思寺为崇胜寺，封慧灌禅师为慈印大师。南宋开庆元年（1259），蒙军元帅汪德臣攻打合州钓鱼城受伤，就在缙云寺医治，当年 6 月医治无效死于寺中。

明正统八年（1443），永灯和尚大兴修建缙云寺，住持僧众多达百余人。天顺六年（1462），英宗皇帝赐名崇教寺，万历二年（1574），神宗赐缙云寺为“迦叶道场”，于万历三十年（1602）在寺前建立石牌坊。明末战乱，缙云寺遭受兵灾，几成灰烬。清顺治十七年（1660），贵州自然和尚来此结茅幽居。康熙二十二年（1683），破空和尚修建大雄宝殿、经楼和佛像，就是现存的缙云寺结构。

1932 年，太虚法师在缙云寺创办世界佛学苑汉藏教理院，修建“密严海”楼，后辟为图书室。太虚法师捣毁了那些非佛教塑像，改天子殿为双柏精舍，抗战时期，他曾长住于此。1939 年，太虚五十寿辰时，在狮子峰建立了太虚台，近年又在缙云寺侧建有太虚墓塔，塔顶塑立太虚石雕竖像。

汉藏教理院开办时，太虚口占五言律诗二首，脍炙人口，久传不衰。诗中写道：

温泉辟幽径，斜上缙云山，
岩石喧飞瀑，松杉展笑颜。
汉经融藏典，教理叩禅关，
佛地无余障，人天任往还。

九峰开佛刹，双柏阏灵宫，
蟒塔传殊古，狮峰势独雄。
海螺飞翠霭，莲髻耸晴空，
无尽江山胜，都在一览中。

缙云寺后有一井，又称状元井，这里还有一座古桥，又称状元桥。来到缙云寺，就不能不提到一个古代名人冯时行“冯状元”。

冯时行（1100—1163），宋代恭州（今重庆）人，早年在缙云寺缙云书院读书，自号缙云子，世称“缙云先生”。他有一首《缙云寺》，写的就是夏天缙云山的清凉世界。

借问禅林景若何，半天楼殿冠嵯峨。
莫言暑气此中少，自是清风高处多。
岌岌九峰晴有雾，浵浵一水远无波。
我来游览便归去，不必吟成证道歌。

冯时行并不信佛教，他表示不是在缙云寺“出家”当和尚，而是要出去干一番大业的。可见，在古代，跟佛道人士结缘，其实也是文人雅士的一种社会时尚。

北宋宣和六年（1124），冯时行考取进士。他历任奉节县尉、江原县丞、丹棱知县等职。绍兴八年（1138），冯时行奉召入朝，觐见天子，他忠言相谏，主张抗金，反对议和，得罪了秦桧，被逐出京城，贬谪到万州任知府。

冯时行为官恪尽职守、不徇私情，深受百姓爱戴，但也得罪了不少达官显贵，终至于遭人诬陷，被罢官削职，贬为庶民。冯时行被革职后不久，即于绍兴十四年（1144）初重返缙云山。缙云山风景如故，但缙云先生的感觉已大不相同，于是写下了《春日题相思寺》一诗：

系艇依寒渚，扶筇上晚林。
山山春已立，树树雨元深。

扫叶移床坐，穿云买酒斟。

相思思底事，老大更无心。

这样的相思不是什么男欢女爱的相思，而是一种家国天下的知识分子的深沉忧思。

后来，冯时行在缙云山麓办起了学堂，著书立说，教书育人。缙云山上，到处都有他的遗迹。比如，因他清晨迎着朝阳朗诵诗文而命名的洛阳桥；在寺庙后面，还有为他读书时作息、起居鸣螺报晓的海螺洞；那口井，据说就是他的洗墨池；那片山岩，就是他课余时散步的相思岩。

从重庆市区来北碚的高速公路，快到北碚入口处，有一大片新城，这在宋明时代，又叫状元碑乡。

史料记载，在“冯状元”以后不久，当时的巴县又出了一个状元名叫蒲国宝。为此，明嘉靖年间的重庆知府黄凤翔，就在这一带立了一块“双状元碑”。

有古诗写道：“有宋多才子，比肩两鼎元。江山不曾改，红杏尚依垣。”康熙年间的举人周开丰还专门为双状元碑题诗：“巴国当南宋，冯蒲两状元。遗徽存石碣，可复继高骞？”所以后来这一带就叫状元乡。

1937 年修青北公路（北碚到青木关）时，这块碑被毁，公路修好后，又在路旁石岩上重刻了“状元碑”三字，后又被当作封建文化残余铲除，据说，残碑仍立在北碚新城的状元府第楼盘中。

缙云二观

绍龙观

缙云山与四川青城山、峨眉山并称为“蜀中三大宗教名山”。传说道教创始人张道陵天师，陈抟老祖、张三丰祖师皆曾于此修行。“古刹隐山林，道观筑谷间。”就缙云山来说，隐于山林之间的自然是指千年古刹缙云寺，而筑于山谷之间的就是绍龙观。

绍龙观是中国西部地区最大的道教正一派道场，位置极佳，它位于缙云山东麓北温泉后山幽谷之中，黛湖之畔，坐西朝东，占地70余亩，总建筑面积约5000平方米，有三清殿、玉皇殿、灵官殿、元辰殿、慈航殿、财神殿共三重主殿六大殿堂。站在缙云山环山公路边远观，绍龙观静静端坐于青山绿水之中，前有古松银杏，背靠茂竹密林，一湾清溪绕观而过，东边一片阔地恰似山门洞开，整个道观山环水抱，宛如坐落在山水巧配而成的太师椅上，左倚青龙，右靠白虎，上有祥云飞驰，下有碧波荡漾。颇似“洞天福地”、阆苑仙境。

绍龙观很年轻，1998年3月开始修建，1999年2月正式对外开放。但绍龙观又很古老，其原址本为绍龙寺。绍龙寺始建于明宪宗成化二十一年（1485），距今已有500多年历史，清雍正、道光年间两度重修，一直为佛教寺庙，与缙云寺、温泉寺、石华寺、复兴寺、大隐寺、转龙寺、白云寺一起并称“缙云山八大寺庙”。全寺占地六亩，庭院式布局，庙门侧柱上有一对联：“山如碧玉水如黛，云在青天月在松。”正是其迷人风貌的如实写照。寺内分前殿、正殿、后殿，飞檐翘角，雕梁画栋。内有石造佛两尊，身高丈余，雕刻精细，为明代作品。有泥佛十尊，造型精美，塑于清同治元年（1862）。两侧有厢房，前殿前有古银杏树两棵。

抗战时期，北碚流浪孤童很多，抢救、培养战区儿童以保民族元气成了当务之急，时任绍龙寺住持隆树法师为了拯救战争孤儿，保育办学，毅然将全部庙产捐献给世界红十字

绍龙观晨曦　王飞　摄

会，庙宇被辟为“北泉慈幼院”，由四大教育家之一的周之廉女士任院长，收容、教育战时难童千余人。1940年夏，林语堂一家从海外回到了战时首都重庆，要为抗战事业尽绵薄之力，为躲避日军空袭，他们一家在缙云山的一处僧房暂住，林语堂曾带家人探访慈幼院，深受感动，不由感慨：“这是千秋功业。”北泉慈幼院从1939年创建至1953年撤销，历时14年，做出了不可磨灭的贡献。

绍龙寺曾长期荒废，但主体建筑尚在。1998年，在北碚区政府的批准下，由重庆市道教促进会在其废址上修建绍龙观。1999年2月，修葺一新的缙云山绍龙观正式对外开放，至此，绍龙寺完成了从佛教庙宇到道家宫观的转变。

从绍龙寺到绍龙观所离不开的都是“绍龙”两个字。绍龙观以北一箭之遥，有一深沟，沟壁上有古石刻“接龙桥”三个大字。相传，轩辕黄帝为使巴人安居乐业、尽享太平，在此建桥以续巴山龙脉。明季天雷断桥，山洪暴发，巴山龙骨摇动，又有仙人移来一庙，镇于桥头，名曰“绍龙”，意为接续龙脉之意。

白云观

《大明正统道藏》中说：“帝炼石于缙云之山，有缙云之瑞，立缙云之堂，丹丘存焉。”白云观所在地至今仍存有轩辕洞、丹丘台等轩辕黄帝炼丹遗迹。白云观历史悠久，始建于清康熙十二年（1673），几经修缮，于2002年对外

白云观　吴祥鸿　摄

开放，属区级文物保护单位。山门处悬有匾额，题为“洞天白云”，更显出方外之地的清幽。整座道观依山势而建，以长长的石阶组成中轴线，馆内建筑分列两旁，典雅庄严。

白云观总建筑面积近万平方米，设有陈祖殿、南北五祖殿、神农殿、讲经堂、道医馆、阅览室、斋堂、香房等。白云观倡导“实证兴教”，当代中国道教宗师陈莲笙道长亲笔题写的“洞天白云”匾额，为白云观增添了祥瑞。

中共中央西南局缙云山办公地旧址

中华人民共和国成立前后，党中央从各地的实际情况出发，为建立和巩固人民政权、进行各项社会改革、恢复发展国民经济、稳定社会秩序，决定在中央和地方之间，仍沿用革命战争年代的大区制度。为加强党对各个大区的领导，于各大区所在地设立中共中央的代表机关——中央局。中共中央西南局即中共中央在西南地区的代表机关，对西南的重庆和四川、云南、贵州、西康四省一市政治、经济、军事、文化等实行全面领导。中共中央西南局于 1949 年 11 月在湖南常德成立，中央任命邓小平为西南局第一书记，刘伯承为第二书记，贺龙为第三书记。

重庆解放后，中共中央西南局进驻重庆办公。20 世纪 50 年代初，西南局和重庆市委在缙云山杉木园一带的山林中，修建了 48 幢小别墅，作为夏季避暑及办公用地。这些房屋结构多为中西合璧风格，每幢又依地形、景色的不同而造型，使其各具特色，又大都掩映在竹林杉影之中，清幽宜人。

杉木园东南角，有一径相连的两个小山堡，各有一幢一楼一底的小楼。前楼是原西南局办公处，后楼则是西南局第一书记邓小平的旧居。

杉木园西南部，同样的一楼一底砖混结构小楼，便是西南局第二书记刘伯承的旧居。刘伯承元帅在缙云山的住地，先是在最险峻壮观的狮子峰北麓，一处茅顶木结构的吊脚楼，后来才迁至此处。

杉木园北山，离西南局夏季办公地约 300 米，同样一栋中西合璧色彩的小楼，就是西南局第三书记、西南军区司令员贺龙元帅的旧居，曾称之为“贺龙院”。小楼因势造型，掩映于苍松翠柏之中，景致独特，楼前立有一尊贺龙元帅半身戎装石雕像。贺龙院的大门非常有特点，是由两座菜刀造型的巨石雕塑构成，寓意贺龙元帅“两把菜刀闹革命”的光辉历史。

缙云山海拔高，气候湿润，冬季时偶尔有雪，1950 年，邓小平与刘伯承、贺龙登临缙云山，领略“川东小峨眉”银装素裹的景致。缙云山的雪景，让众人笑逐颜开，也留下“三龙际会缙云山”的佳话。

中共中央西南局缙云山办公地旧址是重庆市红色革命历史文化的重要组成部分，2009 年这里成为第二批重庆市级重点文物保护单位。2019 年 6 月，北碚区依托三栋旧居，实施保护性修缮工程，打造建设了中共中央西南局历史陈列馆。2024 年 1 月，作为重庆市 2024 年文博项目重点工程之一，中共中央西南局旧址保护利用工程正式启动，中共中央西南局缙云山办公地旧址红色研学教育中心、保护利用研究中心和重庆中共中央西南局历史文化研究会等同时成立。目前，重庆市和北碚区已立项，选址于旧址所在地附近闲置的原缙云村小学，与村集体经济合作实施改扩建，将整体建设成为“1主馆 +3 旧居 +N”的红色研学教育中心，打造全国重点文物保护单位和知名红色旅游景区。

中共中央西南局缙云山办公地旧址山高林深，景色宜人。夏季蝉鸣不绝，“蝉鸣山更幽”，更加显得幽静清凉，漫步其间，重温革命历史，缅怀先辈丰功伟绩，更得品其清朗的

精神元气。

缙云山山下的西南大学流传着这样一段佳话：西南大学前身之一的西南师范学院成立于 1950 年 10 月，由原四川省立教育学院（旧址在磁器口）与原国立女子师范学院（创办于江津白沙，抗战胜利后迁九龙坡黄桷坪）合并组建而成，成立之初，一校两地，极不方便，一直在寻求合在一处办学。1950 年，四川划分为川东、川南、川北、川西四个省级行政区。川东区首府在北碚，川东行署办公楼就位于现在的西南大学北区。1952 年川东行署撤销，很多市级单位都相中了缙云山下这片现成的办公场所和美丽园子，而西南师范学院也正在向政府报告，拟寻觅一处地点解决两地分散办学之苦。在西南局的办公会上，邓小平一锤定音："最好的地方应该拿来办教育！"于是，1952 年下半年，西南师范学院分别从磁器口、九龙坡搬迁到了北碚现在的位置，其办公楼正是当年的川东行署所在地，所以叫"行署楼"，该楼已被确定为重庆市革命文物。

黛 湖

黛湖是20世纪30年代北碚开拓者、著名爱国实业家卢作孚启动修建的。

黛湖的位置虽然刚进山不远，却已是古木参天、篁竹墨绿。秋天，火样的杜鹃花星星点点，镶嵌在青山绿水之间。山光水色，湖堤倒影，相映成趣，一上湖畔，顿觉暑气尽消。黛湖湖面水平如镜，清亮明净，纤尘不染，湖底绿藻参差，有“山如碧玉水如黛，云在青天月在松”的美誉，被称作镶嵌在缙云山中的一颗璀璨明珠。

黛湖湖边山脊趋向一个土堡，像一个半球。上面有个小山峰，石岩瓣瓣，宛如龙牙，人们说它是“九龙抢宝”，所以，这里本名曾叫“九龙窝”。

20世纪30年代初，卢作孚创建北泉公园后，见到缙云山这里地形奇特优美，便利用九龙堡下这片洼地，跨谷筑堤，建成一座水库。

白屋诗人吴芳吉将其命名为“黛湖”，著名书法家欧阳渐手书湖名，刻石嵌于湖堤之上。黛湖建成后，声名大噪，

多彩黛湖　周忠文　摄

顿时吸引了众多游客来此观光游览。《旅行杂志》曾发表赞誉文章，其中有《记游黛湖》诗一首，诗云：

避暑入幽谷，黛湖水气清。
镜波凉入骨，松树密如屏。
云影连杉白，山光匝水清。
野餐无客到，时有幽禽声。

黛湖还有一个比较学术化的美名，那就是“水生植物基因宝库”。黛湖湖水面积仅 30 亩，却集中了我国已知的 80% 以上的藻类，国内罕见，是目前国内最集中也最大的藻类植物基因库，西南大学生命科学院一直在此定点观测和研究。

但 20 世纪的 80 年代后期，缙云山农家乐无序开发，湖中开设竹筏游览项目，游客们在湖面划竹筏子，丢弃瓜子壳、报纸、塑料袋等垃圾。农家乐产生的小股污水，也不断排入清幽的湖水中，直接导致湖中藻类植物数量呈下降趋势。近年来，北碚区加大管理整治力度，人们的环保意识也普遍增强，通过整治，黛湖不仅恢复了原来的清澈碧波，环湖的步道四季鲜花簇拥，更是美不胜收。

凭风看云

“凭风看云”是缙云山近年新增的一处观景平台，也是一处深受游客特别是青少年游客喜爱的网红打卡点，是视野绝佳的赏景拍摄地，位于白云观至缙云寺之间的山林之中。

其特别之处在于悬空而造的玻璃观景台，高空而架，清澈透明，宛如站在天空中，让游人体验“悬空”所带来的惊险、刺激感。这一处网红景点名气越来越大，有人认为可与重庆南山的“一棵树观景台”媲美。

站在台上，可三面望城，四面观景。极目远眺，既有都市繁华，也有静谧林海。可沐浴天光云影，也可感受山风的温柔或浩荡。天气晴朗时，游人站在此透明的观景台上，不仅可以欣赏脚下的青山竹海，还可俯瞰北碚城区，近看重峦叠嶂，蓝天白云。缙云山多雨，大多时候是细雨，自然带着烟气升腾舒卷，烟雨弥漫时，游人漫步其上，如脚踏浮云，身披雾纱，沉浸在仙境一般。

凭风看云　秦廷富　摄

腾龙垭观景台

大凡名山大川，都有好些个观景台。缙云山也有好几处，除了山顶的狮子峰，山腰的腾龙垭是近年新建成开放的观景台之一，其本身也成了一处景观。

腾龙垭观景台伴随着生态修复工程而来，本身即缙云山生态环境综合整治的重点项目。它位于北碚缙云山山腰，并处在通往缙云山风景区的必经之路。曾有原住民 13 户 30 余人。过去，该区域存在私搭乱建、环境污染等现象，受地质条件影响还存在地灾隐患。2018 年 6 月，缙云山生态环境综合整治启动，通过一系列生态修复工程，腾龙垭于 2021 年 12 月 31 日正式竣工并对游客开放，成了一处集生态文明教育、森林防火与地灾整治功能于一体的缙云山地标性景点。

腾龙垭由览江台、腾龙垭游园、林上阁三部分组成。览江台即利用缙云山上山道路的高差形成的观景平台，可远眺嘉陵江和北碚城区。腾龙垭游园有一道顺着青石台阶逐级流动的泉水景观。这里原本是一处不稳定的边坡，整治改造时，设计方依山就势，将其设置成流动的水景，不但消除了地质灾害隐患，灵动的水景也为游园增添了别样韵味。

游园一侧则是林上阁观景台，这是一处四面通透的开放式阁楼，高 24.3 米，共 9 层。沿着观景台拾级而上，每一层都有独特的光影视角，可以拍出不一样的山水风光。在九层最高处，更能将北碚城市全貌和“八桥叠翠”的秀美风景一览无余，领略“松风明月韵流泉，林上高阁览江边”的意境。除此之外，林上阁还兼具森林防火功能，是缙云山上的森林防火眺望点之一。

腾龙垭观景台　陈飞胜　摄

雨鸣涧

云雾缭绕的山林溪谷，小桥、古木、奇石，流水潺潺，绿荫之下，彩色的树叶顺溪而下……好一处清雅幽美之所。

雨鸣涧，缙云山综合整治、生态修复中新“长出”的景

雨鸣涧

观之一，光听名字，就扑面而来一种声光滟潋、环佩叮当之美。

雨鸣涧处在缙云山上重要水系的交汇点，上接黛湖等三个山间湖泊，下接山中多条溪流，地形呈现三个梯度，形成自然的“高山流水”景观，所以这里成为缙云山护山理水的重点工程之一。

早些年，因为缙云山水量丰沛，这一片多户村民“靠山吃山”，搭起简易水坝，把山涧分割成若干池塘养鱼，周边也兴建多个农家乐，对环境的污染以及整个自然的破坏比较严重。2018 年综合整治启动后，北碚区将鱼塘和农家乐全部拆除，被禁锢的“死水”又成了活水，重新流动起来。与此同时，进行生态修复和复绿工作，建成富有山地特色的山地溪塘复合生态系统，还打造了康养步道，栽种了狼尾草等比较适应山地气候、地形的植物花卉，以美化环境。如今，沿着长长的步道拾级而上，眼里郁郁葱葱，一片翠绿；耳边泉水击石，淙淙作响。漫步青山绿水，听闻鸟语花香，怎不令人气爽神清。

“雨鸣涧”景区面积达 46300 平方米，取李商隐“巴山夜雨涨秋池”意境，布局“巴山夜雨”“野径闻雨”等八个核心景点，打造以“雨趣情怀”为主题的富有山野韵味的休闲怡情打卡地，为游客带来视觉、听觉、嗅觉上的完美体验，是儿童恣意欢耍的游乐场，也是成年人洗心润肺的好地方。

缙云山健身梯道

缙云山健身梯道位于重庆北碚行政中心北侧，是北碚区依托缙云山优越的自然、人文条件打造的登山健身综合体，由原健身梯主梯道、大科园主梯道、城北主梯道及景观长廊组成，长约十千米，起于北碚新城，止于缙云山白云竹海，梯道让山与城实现有机连接。

缙云登山健身步道修建于2006年，有三个上山入口，分别位于城南交易中心处的大科园入口、北碚行政中心旁的主梯道入口、团山堡高速路出口旁的城北主梯道入口。

主梯道设置有浮雕、牌坊和缙云山赋等内容，以此展现北碚浓厚的生态文化、养生文化和历史文脉，深化人文北碚主题。其浮雕共分三个部分，上部分主要描绘有

缙云山健身梯道　陈洁　摄

缙云九峰、竹海新城、嘉陵泛舟、江边吊楼等，展现了北碚优美的自然风光、独有的城市特色，也展示了北碚的历史与未来；浮雕中部描绘了抗战时期和解放初期在北碚生活和工作过的历史名人，包括邓小平、刘伯承、贺龙和冯玉祥、黄炎培、张自忠、陶行知以及北碚开拓者卢作孚等；浮雕下部展现了全民体育、强身健体的生动场面。

缙云山健身梯道将缙云山白云竹海与北碚新城有机结合，形成了自然与城市融为一体的独特风貌，为市民提供了休闲娱乐、强身健体、旅游观光的新空间，是北碚城市建设生态化、自然化、人性化、和谐化的重要体现。梯道不但满足了市民休闲、健身、旅游、观景的需求，还带动了缙云山餐饮业、酒店业的蓬勃发展，每逢周末假日，都会呈现出游人如织的热闹场面。经常在主梯道举行的三八节、重阳节登高等文体活动，又让缙云山健身梯道成为北碚新城一道靓丽的风景线。山与人，从此相得益彰，和谐共生。

第二篇章

温泉故里

世界温泉看重庆，重庆温泉看北碚。重庆是首个“世界温泉之都”，历史上就有东、西、南、北四大泉之说，而北碚则是重庆温泉历史与文化发展的源头，所以，要论历史之悠久，景致之优美，泉水之富足，文化内涵之丰厚，未来开发前景之广阔，非北温泉莫属。北温泉所在的北碚嘉陵江峡谷地带，已有一个更响亮的名字——十里温泉城。

北温泉

早在 1927 年，卢作孚先生就在这里创办了嘉陵江温泉公园，这是中国最早的平民公园。当年连同缙云山一道入选国家级风景名胜区时，专家的评语是：“集山、水、林、泉、峡、洞、石于一体，其‘山岳江河，温泉峡谷、溪流瀑布、丛林古刹、奇葩异卉’，展示了巴山蜀水‘幽、险、雄、奇’的特色，是镶嵌在嘉陵江畔熠熠生辉的一颗绿色明珠。”

北温泉是中国乃至世界上人类开发利用最早的温泉之一。古刹温泉寺始建于南朝刘宋景平元年，也就是公元 423 年，距今已经 1600 多年。可以这样推断，这座寺庙既然以温泉命名，那就说明温泉的开发利用应该比建寺还要早，所以说，这里是真正的中国温泉故里。温泉寺下的嘉陵江边岩壁上还有清朝康熙年间文学殿大学士张鹏翮亲笔书写的“第一泉”三个大字。

北温泉现有泉眼 10 余处，每天出水总量为 4764 吨到 8634 吨左右，水温最高达 39℃，最低仅 25℃，属低温热泉性质。北温泉的泉水无色，但味道苦涩，为硫酸钙或硫酸钙

俯瞰温泉古寺　刘松林　摄

钠型。

北温泉公园中的几幢小楼房，是著名的抗战名楼建筑群。曾有一串精致的小溪流，叫“桃花叠翠”。每年三月，桃花盛开，溪中小鱼游来游去，与游客尤其是小朋友嬉戏玩耍，相映成趣。

北温泉里的温泉寺，是缙云寺的下院。自南齐时代在北碚设东阳郡之后，温泉寺香火日渐兴旺，庙宇建设更加辉煌，新刻石雕倍增，后山岩间刻有摩崖佛像，温泉寺连遭毁坏，又屡次重修。寺宇飞檐翘角，绿瓦红墙，殿堂神像庄严，巍然屹立，四周清泉环流，百花争妍。为重庆市佛教重点寺庙，重庆市级文物保护单位，是享誉中外的佛教圣地。

岁月流转，温泉寺留下大量名人佳话。唐代大诗人王维、杜甫、李商隐，北宋著名理学家周敦颐等都曾到温泉寺游历或住宿。北宋真宗景德年间，温泉寺曾被朝廷封赐为崇胜禅院。当朝宰相丁谓来这里旅游，写有《游温泉寺》一诗，诗中写道："客到留新句，人闲咏旧文。"说的是，凡是客人来了都要留下一些诗句才会离去。

有一个真实的历史事件记录在案：

南宋开庆元年（1259），蒙哥率军攻打合州钓鱼城，损兵折将，久攻不下，愤怒至极，下令在钓鱼城新东门对面高地脑顶坪上筑台，眺望城内情况，以便决战。谁知，台筑好，他出现在台楼上时，钓鱼城炮火齐发，轰轰隆隆，震天撼地，蒙哥受炮风冲击，摔下台楼，身受重伤，其部属将他送往缙云山疗养，途经温塘峡，就死于温泉寺中。史载："宪宗为炮风所震，因成疾，班师至愁军山，病甚……次过金剑山温塘峡而崩。"

明、清两代，是温泉寺的黄金时代。现存的温泉寺为明、清两代建筑，殿分四重，依次为关圣殿、接引殿、大佛殿、观音殿。在明成化年间重建时，为一门三殿。清乾隆年间，将山门改建为关圣殿，同治年间又将观音殿改建为铁瓦殿。

著名诗人郭沫若曾写过诗句"铜殿锁龙蛇"。

戏鱼池

温泉寺大雄宝殿与接引殿之间有一个长方形的水池，叫戏鱼池，池中心横跨着一座拱形石桥。戏鱼池里有各种色彩的鱼儿，成群结队，穿梭漫游，怡然自得。桥栏上有六块石雕，刻有芭蕉麒麟和极乐鸟图，据专家考证，这是唐代的雕刻作品。也有更早的六朝时期说法。

石刻园

石刻园位于温泉寺后侧山麓，为宋代摩崖罗汉石刻所在地。它以摩崖罗汉为中心，集温泉寺历代石像、石雕、石刻、石碑于一处，神像、人像、动物群像错落分布，布局严整，种类繁多，形神兼备，俨然一座立体的佛教石刻文化大观园，是考古研究历代石雕艺术的珍贵资料。精雕细刻的明代古物——盘龙石刻幡幢，古朴典型的北宋石像——阿弥陀

石刻园 陈远鸿 摄

佛以及宋、元、明、清各代花、鸟、禽、兽等石雕，亦图亦文地诠释了佛教义理，勾描了佛家理想的极乐世界。

乳花洞

乳花洞被誉为天下第一“假洞”。洞就是洞，怎么会是假洞呢？

这个洞并不深，总长 157 米，高低落差大约 30 米。洞中大洞套小洞，正洞套岔洞，弯弯曲曲，纵横交错。

洞中钟乳悬垂，石笋林立，体态各异。有的像伞，有的如云，有的像巨掌，有的如蘑菇，有的像利剑宝刀，有的如飞禽走兽。偶尔有几处破口，洒下缕缕阳光，诱人遐想。

乳花洞是“假洞”，著名地质学家李四光曾在这里研究

乳花洞　吴祥鸿　摄

过它的成因。

这洞也与温泉有关，构成乳花洞的岩体并不是石灰岩，而是五万年前的温泉泉华沉积物。当时的温泉在嘉陵江第一阶地面上流出，泉华沉积在阶地上。这些泉华因位于背斜轴部，在背余继续受到水平挤压的情况下，泉华中就发生了裂隙，热水流经这些裂隙，使两壁泉华受到溶蚀，从而导致了裂隙向溶隙、溶洞发展，并在其中生成了各种各样的岩溶景观。所以，科学家们称乳花洞为“天下第一假洞”，就是说，它和其他一般溶洞由石灰岩形成不一样，但它足以以假乱真，与真溶洞比美，有着独特的地质研究价值。

为“掩盖”这个真相，民间流传着一个优美的故事：相传乳花洞古名叫五花洞，洞中住着一位五花姑娘，乐施于人，附近群众不管发生多大困难都有求必应。特别是邻居红白喜事，差什么她就给予什么，在她那里没有解决不了的问题。一天，有个恶少见五花娘娘美若天仙，心起邪念，进入洞中，大要流氓手段，调戏姑娘。五花姑娘忍无可忍，施法力毁洞除恶，将恶少压死于洞口。从此，洞口就不见了，现在的洞口仅是五花洞的一条石缝。

抗战名楼群

北温泉有几栋小楼，曾接待过不少名人。抗战期间，国共两党要员如蒋介石、林森、冯玉祥和周恩来夫妇、教育家陶行知等曾多次来北温泉住宿。新中国成立后，朱德、贺龙、

北温泉五大名楼之柏林楼　吴祥鸿　摄

董必武、邓小平、刘伯承、陈毅、聂荣臻、叶剑英、李鹏等领导人也来过，有的还数次驻足。这里还来过美国总统老布什等外国元首。北温泉的显赫地位由此可见。

农庄不是农家乐的农庄，是因为该楼由军阀陈书农 1928 年捐资修建，所以名叫农庄。冯玉祥、陶行知等来北碚时曾下榻于此，重庆解放初，贺龙元帅曾在此休养。

数帆楼，因地处嘉陵江畔，伫立楼前长廊间，透过茂密树林，可以望江心点点白帆，故而得名。此楼建成于 1930 年，一楼一底，石墙木楼瓦顶，上下 8 间，365 平方米。据说卢作孚在此修建公园时，范绍增（电视剧《傻儿师长》原型）常来缙云山打猎，下榻北温泉，经常在此打麻将。卢作孚告诉他们，你们打牌所抽的头钱，将在公园内建一幢别墅。范绍增见抽头其实很少，不知哪年才得建成，于是决定，输的钱照付，赢的钱全部交公园建房，如此便积存了3500元钱，建成了这座数帆楼。抗战时期，中国旅行社设高级招待所于此，1941年春节，几位外宾在室中烤火取暖，不慎酿成火灾，几乎烧毁，后来又重新修复。周恩来、朱德、董必武、吴玉章、刘伯承等老一辈革命家以及蒋介石等国民党要人，都曾在此下榻。

1936年初，黄炎培先生专程造访北碚，下榻于北温泉公园数帆楼。他后来在文章里写道：“尤为可贵，在北碚以上温泉峡，有温泉公园，布置得着实不差。六七座山楼中间的一座，名数帆楼，坐在中间，望着碧绿的山峰，碧绿的江

北温泉五大名楼之数帆楼 吴祥鸿 摄

水，一道一道风帆，使人‘悠然意远’。一听到几十位船工发出一种劳动家的呼声，又不能不想到《大路曲》《渔光曲》《伏尔加曲》种种凄凉意味。”随行众人离开后，他又留在数帆楼，多住了一夜，共留宿三晚。除作了二十行七言诗《温泉峡》外，他还吟咏了《北碚温泉公园三宿留题》七首绝句。其中二首诗云：

其一

嘉陵江水碧于油，夹岸春云嫩不收，
劳者有声谁会得，清宵幽怨棹人讴。

其二

数帆楼外数风帆，峡过观音见两三，
未必中有名利客，清幽我亦泛烟岚。

磬室又称“林森公馆”，1929 年修建。因为所在的石壁形状如磬，江水击石，声鸣若磬而得名。1937 年底，国民政府主席林森定为“主席避暑山庄”，也就成了林森公馆。

新北温泉公园

所谓“新”，其实是北温泉公园的拓展。

新北温泉公园位于原北温泉公园往澄江方向，同样在212国道沿线。以“碚泉漫游、亲民于心”为设计理念，注重保留历史文脉与再现历史特色相结合，结合独特的临江生态优势，形成开放性的自然山林温泉公园。

新北温泉公园从2021年3月开始建设，2022年5月正式恢复对外开放。新温泉公园共打造温泉泳池及泡池共16个，水容量共计3200立方米；其中，标准游泳池1个、浣尘池2个、跌泉8个、临崖泡池5个。

为满足部分游泳爱好者及游泳专业人士的健身需求，同时满足大部分游客的休闲娱乐需求，立足该项目“网红打卡”的形象定位，其价格较为亲民。除泡池外，还有爱莲池、五潭映月、科学草坪、桃花流翠等新建的自然人文景观。

十里温泉城

北碚“十里温泉城”是重庆打造“温泉之都”的首批重点温泉旅游项目,位于北碚区城郊,背靠缙云山,前临嘉陵江,“十里”大体指区域流线长度,其范围涉及缙云山、北温泉、金果园、金刚古镇、协合村、澄江镇运河村的沿嘉陵江及运河两岸地区，温泉城开发区范围包括澄江运河核心区、温塘峡沿线片区等，现规划面积 10 平方千米，远期规划面积 30 平方千米。

景区内有丰富的地下热水资源，属承压水，水温稳定，是十里温泉城项目开发的基础。温泉城内主要的旅游资源有:首批国家级风景名胜区、国家 AAAA 级景区、中国温泉故里、居巴渝五泉之冠的北温泉，首批国家级风景名胜区、国家 AAAA 级景区、国家自然保护区缙云山，西部道家观光胜地绍龙观，嘉陵江小三峡之温塘峡，金刚碑古镇等。

三花石与花房子

沿着 212 国道一路向前，路过北温泉之后不远，就来到一个岔路口，往左是前往缙云山的缙云路，继续向前则是去往澄江了。此地名为“三花石”，依古老传说，是因此处临近嘉陵江，水势平静时，可见江边近水处有礁石三块，状若花瓣，遂得此名。

此外还有一种说法，认为三花石地名的由来与此地的一栋别墅有关。三花石的四川省总工会重庆北温泉工人疗养院内有一栋会“开花”的“花房子”，是一栋一楼一底的德式别墅，占地面积 1050 平方米，称作“将军楼”，是抗战时期国民党将领孙元良修建的。别墅系石头砌成，青灰色的墙面上金黄色的石头错落凸出，其轮廓犹如花朵，由此得名“花房子”。1949 年至 1950 年间，梁漱溟先生曾寓居此处，他写书、讲课，在此写下了著名的《中国文化要义》等作品，并于此致力于勉仁中学、勉仁书院、勉仁文学院的建设，更以民盟负责人的身份从监狱里救出了许多共产党员和民主人士。

“花房子”一侧紧邻 212 国道，另一侧则是嘉陵江畔的

花房子　王飞　摄

绝壁，虽身处闹市，却风景宜人，安静秀雅，隐藏在环境清幽的北温泉疗养院内，颇得“结庐在人境，而无车马喧”的隐居妙趣。

2013年，“花房子”作为梁漱溟旧居随嘉陵江三峡乡村建设旧址群入选全国重点文物保护单位。

2015年6月，孙元良之子，影星秦汉，在纪念中国人民抗日战争及世界反法西斯战争胜利70周年之际，应凤凰卫视《我们一起走过》节目之邀，重走父亲的抗战之路，还专程来到嘉陵江畔的“花房子”，探寻他父亲孙元良将军在北碚的足迹。1932年到1936年，孙元良在此住过近4年，其时秦汉还未出生，加之他父亲生前对自己当年的军旅岁月鲜有提及，所以秦汉的记忆中并没有“花房子”三个字。

然而探访父亲故居的秦汉感受却很奇妙，他说：“1932年父亲应该才28岁，他后来做国军88师师长时也不过33岁，正是血气方刚的年纪。而我早已过了不惑之年。所以说，这完全是一个不惑之年的儿子看年轻时的爸爸。”

梁漱溟先生在北碚的原先的一处旧居，在现在菩萨沟的梁漱溟纪念碑旁，也是一栋一楼一底的小洋房，是原国民党监察院副院长黄绍竑的别墅，已于20世纪70年代初毁于火灾。

雅致的花房子似从童话中走来，先后住过两位名人，维护保养良好，实在难得，园中小桥流水，竹林掩映，推窗可俯瞰温塘峡上的江景，紧邻繁华却尽享隐居的幽趣，实在是三花石闹市中的一处绝妙景致。

澄江口与美龄堂

北碚曾有一句俗语："北碚豆花土沱酒，好耍不过澄江口。"可见澄江的好耍美名是可以和驰名的豆花、土沱酒相并列的。和北碚的很多古街镇和码头相似的是，澄江的兴盛也源于煤炭和码头。据说澄江码头上停泊的运煤船及货船曾经多达上百条，可谓相当热闹。除了水路，澄江的陆路也很重要，通过公路可以通往合川、璧山，是北碚、合川、璧山三区的一个重要交界点。

澄江镇历史悠久，早在宋代以前就是一个大镇，古称"依来镇"。清同治九年（1870），因嘉陵江的特大洪水，城镇全部沉没在汪洋之中，故改名为"澄江镇"（沉江镇）。民国时期，澄江愈加兴盛。很多名师大家如黄炎培、林森、冯玉祥、老舍、田汉、夏衍等均曾在此留下佳篇。随着煤矿资源的枯竭和嘉陵江航运的衰落，澄江在 20 世纪 80 年代后逐渐走向没落，但也因此逃过大拆大建，保留了很多那个年代的街区风貌和记忆，一些民国建筑也得以留存，譬如美龄堂。

澄江口　刘德良　摄

美龄堂　吴祥鸿　摄

“美龄堂”位于北碚区澄江镇原四川仪表九厂内，随着厂矿搬迁，这里被改造为老年养护中心。该建筑坐东南朝西北，由青砖和混凝土构成，硬山顶平房，系实业家蓝文彬修建。

实业家蓝文彬是四川资中人，原系川军将领，1938 年退出军界开始经商，在澄江创办了宝源煤矿，开掘了“澄江运河”，这也是为解决运煤而生的重庆第一运河。为给前来“荣誉军人自治实验区”成立仪式“剪彩”的蒋介石、宋美龄夫妇提供休息场所，蓝文彬事前建了一幢小礼堂，这就是

“美龄堂”。

随着抗战胜利，“荣誉军人自治实验区”逐渐退出历史舞台，20世纪60年代，这里为四川仪表工厂所用，厂方多次修葺，使其保持原状，不仅完好无损，而且还在四周广植花木，开辟花园，修建亭子，使“美龄堂”大增风采。

如今的“美龄堂”占地面积500平方米，内含四个图片与实物展区和两个场景还原展室，2014年7月，被北碚区人民政府列为重点文物保护单位。

烟湖滩

北碚与璧山交界的地方，有很多风景宜人的地方，比如烟湖滩。璧北河从璧山流入北碚时形成了几处小瀑布，取名“烟湖滩”。在这段约两千米的河段上有墩子坪、石滩、石桥、大水塘、高滩、烟湖滩、沿滩等。据说，先人们曾在石滩上打孔凿渠，安装水车，驱动曲柄连杆机构，“磨柏作香”，即用柏树磨成粉做藏香，如今河滩巨石上孔洞仍存，遗迹依稀可辨。

烟湖滩的名字虽然美得像一首诗，但名字的由来却鲜为人知。璧北河一路从璧山蜿蜒而来，在北碚澄江口汇入嘉陵江碧波之中，层层叠叠，形成了多级台阶和落差飞瀑景观。烟湖滩便是这些瀑布中落差和宽度较大的一处。

远望时，只见一匹白练高高悬挂在宽约四五十米的山崖上，落差足有十几米。瀑布下方，则有一片三四千平方米的水潭。这池碧潭，和前方的拦河坝所形成的积水，并称为“烟湖滩”。

水高下泻，冲击碧潭，自然在水面上激起一片烟云水雾，远远望去，好似一处由烟云形成的湖滩，如人间仙境，烟湖滩的名声，大概就是由此得来吧。

从北碚城区到烟湖滩，通有公交车，交通便利，吸引了不少踏青休闲的游客。此处鱼类繁多，自然也有不少“临渊羡鱼”的垂钓者，钓鱼人对环境最敏感，总是知道哪里的鱼最多，景最美。

然而曾经的烟湖滩，却曾因为沿岸的工厂污水而变成臭水沟，水体发臭，鱼虾更是绝迹。近些年随着大规模的环境整治，污染企业被关停，烟湖滩才重新恢复了山清水秀的模样。

1932 年秋，有“学风不亚于昔日唐玄奘留学印度之那烂陀寺”的汉藏教理院在缙云山缙云寺正式开学，由太虚大师任院长。太虚大师对卢作孚在北碚的生产建设与文化建设，极表赞赏，他曾在峡防局做《建设人间净土》的讲演：“余觉佛法上所明净土之义，不必定在人间以外，即人间亦可改造成净土。虽人世有烦恼生死痛苦斗争等危险，但若有适当方法而改造之，因可在人间建设净土也。”

所谓：“古人之观于天地、山川、草木、虫鱼、鸟兽，往往有得，以其求思之深而无不在也。”风景其实到处皆有，不必非到人间以外去苦苦寻觅。近些年，随着环保观念的深入人心，以及持续的改造和建设，碚城很多像烟湖滩这样曾经消失的美景都渐渐失而复得，人们不必舟车劳顿，大费周折就可以在家门口享受休憩，这才是“人间净土”的真意吧。

烟湖滩 蹇骞 摄

金刚碑历史文化街区

山城重庆两江汇聚，两江之上更有乌江、涪江、綦江、大宁河等一系列江河，江河之上每每有渡口，人流穿梭不息的渡口，更容易形成古镇古街。北碚自然也是如此，山水之间散布着或大或小的古街古镇，其中较出名的有两个，一个是偏岩古镇，另一个则是金刚碑古街。

北碚的缙云寺是迦叶古佛道场，相传迦叶到缙云山建寺之时，有金刚力士前来协助，道场初成，却在嘉陵江边遗漏了一块巨石，那巨石七米多高，二米多厚，状似一碑，当地人俗称为“立石子”。唐人曾在其上题刻“金刚”二字，人称“金刚碚”，又称为“金刚碑”。

缙云山煤矿资源丰富，金刚碑自然因煤而兴。最早的金刚碑不过是一个偏远的小山村，早在三百多年前的清朝康熙年间，一些山民去缙云山运煤，到金刚碑搭上嘉陵江的航船，运销外地。于是金刚碑渐渐有人建房居住，后来的缙云山南坡小煤窑星罗棋布，煤炭业日益兴旺，到清同治年间，金刚碑作为产煤、运煤、销煤的水陆码头和中转站繁华日盛，街内米行、油行、酒坊、茶馆、客栈、铁匠铺挨挨挤挤多达几百家，成立了煤、盐、船、驮、牛、马等行业帮会。船主、帮主、煤炭商、力夫们就在街内溪河两岸半山腰，建起了一座座穿斗青瓦房，简朴适用，一楼一底的石头墙、土墙、竹木夹壁墙的老房子，石灰粉刷，依崖而建，独具巴渝特色。青瓦房随山势蜿蜒曲折，分布于两米宽、500米长的青石板街道两旁。

和北碚的很多地方一样，金刚碑也是在民国时期迎来了自己的高光时刻。有人说，合川人卢作孚之所以选择北碚这个“江巴璧合”交界，匪患出没的小乡场作为自己的“嘉陵江三峡乡村建设实验区”，正是因为金刚碑渡口那丰富的煤矿资源可以提供充足的赋税支持。民国时期的金刚碑沿街河两岸已有商店、货栈千余家，煤窑沿山排开，挑夫摩肩接踵，江岸帆樯如林，生意一派兴隆，形成了姚家院子、熊家院子、郑家院子等几处较大的民居建筑群。

金刚碑地理环境独特，深藏在不太宽的山坳之中，形如U字，左右两侧都是护山环绕，重重护卫，中间部分地势宽敞，且被嘉陵江流水环抱，形成了一个“枕山、环水、画屏”的“椅子型”形胜之地。更有繁茂浓郁的植被，自然成为躲避空袭的绝佳所在。抗战时期，这里吸引了大量单位和一大批著名经济实业家、史学家、文学家、社会活动家寓居，名人云集，人文荟萃，热闹非凡，仿如集镇，把金刚碑的繁荣推向了顶峰。教育家梁漱溟还在金刚碑兴办了“勉仁书院”。一时之间，嘉陵江边的金刚碑人气兴旺，文教繁盛，号称“小北碚”。

因煤矿和航运兴盛的金刚碑，随着缙云山煤矿资源的枯竭和嘉陵江水运的没落，曾经的繁华被雨打风吹去，那些土质或木质结构的房屋，渐渐年久失修，居民外迁，2009 年政府牵头全面拆迁之后，这里更是彻底荒凉，甚至被人遗忘。

 航拍金刚碑　秦廷富　摄

两旁山壁上的那些繁茂绿植逐渐侵蚀着断壁残垣，覆满墙头屋顶，曾经人群簇集的金刚碑宛如绿野仙踪般的童话世界。然而，这样独特的金刚碑却又充满了另一种神秘的魅力，开始时是那些探秘者，后来则是摄影爱好者、画家们，再后来又成了一系列影视作品的取景地。于是金刚碑又再次热闹起来，曾经荒废的茶馆也重新营业，成了人们周末休闲打卡的好去处。

近年来，北碚区启动了金刚碑历史文化街区修缮工作，采取了一系列保护和修复措施，不仅保留了原有的历史风貌和文化底蕴，更融入了现代元素和新的活力，使其成为一个集旅游观光、休闲娱乐、文化品鉴于一体的综合性景区。

整饬一新的金刚碑历史文化街区占地面积约 191 亩，其中核心保护区面积约 48 亩，拓展区约 143 亩，涵盖展陈空间、艺术工坊、美食、酒吧、民宿、温泉康养等可持续生产业态。

缙云山麓，嘉陵江畔，曾经的国术体育专科学校旧址成了安静的咖啡馆，告慰前人如今山河无恙，岁月安闲；曾经的名人旧居改成商铺、温泉酒店，似乎也可以体验“文化苦旅”的意义；曾是“七帮会”聚会议事的场所、敬畏财神的古庙、后来搭建的戏台，都得到了保护性修缮。白天在古树包裹下，像避世的桃花源；夜晚光怪陆离的霓虹灯开启，又变成赛博朋克世界。

巡江步道

近些年来，临江临河的城市，滨江路都成了一道亮丽的城市风景。为了让城市人亲水，滨水的休闲步道也“大行其道”。嘉陵江边的北碚当然也不例外。只不过，北碚的江边步道听上去更“霸气”，叫作巡江步道。

先有滨江路，后有巡江步道。北碚并没像很多临水城市那样大搞滨江路建设，一直有着比较“原始”而自然的河道风光。现在的滨江路大道完善于21世纪初，近年来，开展了相对工程量较大的滨江路二期工程。该项目是一项惠民工程，起于庙嘴，止于金刚碑南侧。而巡江步道就是这项“清水绿岸”项目的子项目之一，也是工程中最值得打卡的一段，从金刚碑至北温泉，全长约2.7千米。

北碚嘉陵江巡江步道与一般水边城市在地面建设的步道不一样，主要以钢结构架空步道为主，路面不宽，大约一两米，全部使用钢结构做成，其立柱、栏杆也是钢结构，整条步道悬空布置，地板为格栅板，完全镂空，行走其上，脚下山谷也一览无余，步道途中，又配套有休息平台、山林步道和亲水步道等，完全改变了过去江边崎岖不平、险象环生的小路形象。

走在这样的巡江步道，穿梭于嘉陵江畔，林深时小径通幽，转弯时雄关漫漫，春赏五彩山花，夏听潺潺流水。

第三篇章

碚城风韵

“行到北碚必有诗”，北碚是一座具有深厚历史文化底蕴魅力深厚的城市，这座横卧于嘉陵江畔，缙云山下的秀美之地，楼房和山水融合生长，道路和森林牵手延伸，文化、诗意和绿色渗透在城市的每一个角落。

北碚的碚

谈起碚城，绕不开的就是这一个“碚”字。第六版《现代汉语词典》中对“碚”的解释简略至极：“bèi 用于地名，北碚（在重庆）。”运用极少，初见“北碚”二字的人便不免错读。1939 年至 1946 年期间，梁实秋先生居住于北碚雅舍，后来他在回忆长文《北碚旧游》一文中说：“北碚的碚字，不见经传。本地人读若倍，去声；一般人读若培，平声。其意义大概是指江水中矗立的石头。由北碚沿嘉陵江北去到温泉，如果乘小舟便在中途遇一个险滩，许多大块的石头横阻江心，水流沸涌，其势甚急。石头上有许多洞孔累累如蜂窝，那是多少年来船夫用篙杆撑船戳出来的痕迹……这大概就是北碚得名之由来。”梁实秋先生笔下那“许多大块的石头”所指，就是北碚的标识“碚石”。

晚清文人洪良品在《巴船记程》中说：“岩石随水曲折曰碚。”北碚温塘峡上峡口有一天然白石独峙江心，巨石偃卧，横亘江心 270 米，形态秀美。北碚人称其为碚石、白鱼石、白银石或者蛤蟆石。碚石首端的几块巨石酷似鳖鱼，很像一群大鳖结队渡江，所以有人称它为“鳖背”，认为“北碚”即由此谐音而得。鳖又称“团鱼”，由是称之为“白鱼石”。

碚石本是从岸边马鞍山绵延而来的一道石梁与江岸相连，恰好防风防浪，围成了一个可供泊船的天然码头，很多从嘉陵江到重庆的船只都来这里停靠，逐渐形成了一个繁华的渡口，有了渡口，周围的人气自然慢慢凝聚荟萃，于是就有了场镇。有了场镇，人口迁徙蕃息，再加上卢作孚、卢子英兄弟及北碚人的精心建设，于是就有了中国历史上的第一个事先规划、逐步按计划建设的“经济开发区”——北碚。“三千名流下北碚”的抗战时期，更迎来了“碚”字历史上的高光时刻。

随着碚城日渐繁华，江湾那小小的码头已然泊不住上下嘉陵的航船，1958 年为疏通航道，人们炸断石梁，独留下碚石孤立江心，那由石梁围起来的天然码头自然也消失不见，后来上游水坝筑起，航船断绝，帆影无踪，静静流淌的嘉陵江只遗留下“正码头”的地名。

涨水时节，孤悬江心的碚石成了人们揣度江水深浅的标识，浊浪滔天，碚石稳稳浮于水浪之上，如巨鳖戏水，自在逍遥。只要江水尚未淹没它的脊背，人们心中总是稳当淡然的，大可扶老携幼“作壁上观”。或者一时水大，碚石隐没江心，亦不必学那杞人担心它会随水遁走。山高水长，不过他日相见。

未涨水的日子，尤其是晴好和暖时分，碚石附近就成了红男绿女们相携冶游的绝佳去处，江边这一脉石梁上散布着

碚石的故事　李继洪　摄

看水捡石、遛犬放纸鸢的人众。更有健儿中流击水，舒展着浪里白条的英姿，此时此刻江心碚石便成了他们歇脚干衣的绝佳晒台。抬头仰望上游的温塘峡口，草木葱茏，郁郁苍苍，嘉陵江一流碧水波平如镜，环绕着稳踞江心的碚石。蒹葭连绵，几只白鹭轻盈地从水面掠过，迅捷翻飞，直去往对面的千年东阳古镇。下游峰峦耸翠的飞蛾山，依稀可辨的观音峡移目换景，令人神驰。沐浴着小三峡间煦暖的和风，呼吸着两岸渚崖清甜的草木香气，自然心气舒张，那遄飞的逸兴怕是连这中流砥柱的千钧碚石都拽不住了哟。

嘉陵江小三峡

渝州两江汇聚，至朝天门处呈现为泾渭分明的奇景，黄浊者为长江，碧清者为嘉陵江，两水相交，如野马分鬃，界限俨然，颇似一天然的“鸳鸯火锅”，更有人指其为鸳鸯火锅的灵感来源，越发成了重庆这座八方荟萃、融会贯通的“火锅之城”的显要标识。重庆航空有限责任公司的标志便是由一红一蓝的两条“阴阳鱼”组成，象征长江和嘉陵江两江交汇：“设计灵感源于中国传统文化八卦图和长江、嘉陵江，标志形似两只手交相紧握，又似两江汇合，意蕴深厚。”

嘉陵江为长江上游支流，因流经陕西省凤县东北的嘉陵谷而得名。一说来源于《水经注》：“汉水又南入嘉陵道而为嘉陵水。”而“嘉陵”二字的由来，又有嘉陵谷炎帝陵、甘肃天水市秦州区南古嶓冢山和礼县秦陵的说法。嘉陵江发源于秦岭北麓的陕西省凤县代王山。干流流经陕西省、甘肃省、四川省、重庆市，在重庆境内，嘉陵江古称“渝水”，所以重庆又简称“渝”。嘉陵江流经合川区，汇入渠江、涪江（河口在重庆境），经渝北区、江北区，在渝中区的朝天门汇入长江，其主要支流有：八渡河、西汉水、白龙江、渠江、涪江等。嘉陵江全长一千多千米，是长江支流中流域面积最大，长度仅次于雅砻江，流量仅次于岷江的大河。

碚城域内的嘉陵江从西北向东南横流而过，属于嘉陵江下游，支流有璧北河、黑水滩河、龙凤溪、马鞍溪、明家溪等。北碚段的嘉陵江曲折秀美，其小三峡沥鼻峡、温塘峡、观音峡更是冠绝众多山峡。尤其是缙云山段的温塘峡，因峡口岩腰之中的三股温泉得名。峡谷幽深，江水清澈碧绿，如一缕袖带环绕着碚城的老城区。嘉陵江本是长江水系含沙最大的支流，之所以形成朝天门那泾渭分明、野马分鬃的奇景，据说就是因为嘉陵江于北碚段涵养够了丰沛的水土，那碧绿澄澈的江水分明是由苍翠欲滴、草木葱郁的缙云山映照而来。

古时，蜀人出川，除陆路外，嘉陵江是唯一的水路，历来帆影如织，题咏者众。于北碚而言，自陈子昂《入东阳峡与李明府舟前后不相及》、李白《巴女词》而下，杜甫、司空图、李商隐、陆游、刘道开、王尔鉴等皆在这嘉陵江小三峡上留下了动人诗篇。这秀美的山光水色，更引得画圣吴道子一日画就《三百里嘉陵江风光图》，成为中国绘画史上一段经典传奇。

1928 年 3 月 4 日，卢作孚改组《学生周刊》，创办了《嘉陵江》报，刊载省内外现代的国防、交通、产业、文化和嘉陵江三峡各项事业的消息。他在创刊号上以“努力的同人”的名义写了《介绍〈嘉陵江〉》一文，作为发刊词。文中写道：“嘉陵江是经过我们这块地方的一条大河，我们介绍的却是一个小朋友，两天出版一次的一个小报。我们希望这个小报传播出去，同嘉陵江那条河流一样广大，至少流到太平洋。并且嘉陵江的命有好长，这个报纸的生命也好长。所以竟叫这个小报也为嘉陵江……”

1939 年春末，端木蕻良在北碚夏坝的复旦大学教书。他同妻子萧红每天傍晚沿着嘉陵江畔散步，缓缓流淌的悠悠江水勾起了他的思乡之情，使他想起了东北家乡的乌苏里江，

碚城霞影　马冀渝　摄

更回想起《松花江上》，遂提笔写下了名诗《嘉陵江上》：“那一天，敌人打到了我的村庄，我便失去了我的田舍、家人和牛羊……”后来，端木蕻良的同学，河北诗人方殷将其送去草街子古圣寺育才学校，交给著名作曲家贺绿汀，请他为《嘉陵江上》谱曲。贺绿汀将它谱写成一首独唱曲，强化了诗歌的战斗力、感召力。一经传唱，这首歌很快流行开来，成为一首为大众熟知的抗日救亡歌曲。“诗中那质朴的语言、亲切的意象、对家乡无限的怀念，使每一个吟唱者都深受感染；加上所谱之曲，深沉婉转，抒情殷切，散发出巨大的艺术感染力。”

每日饮着嘉陵江中的清甜江水，碚城人对嘉陵江的感情是深厚的，以之冠名者众，至今仍有“嘉陵之声”的电波响彻。而今的嘉陵江上帆影虽稀，那清洌江水所诞育的故事却如江中鱼鳖，日渐繁多，更惹出多少秀丽诗篇。

沥鼻峡

蜿蜒曲折的嘉陵江上山峡众多，中上游的广元境内即有青峰峡、明月峡等名峡，但是最秀美的还属由沥鼻峡、温塘峡、观音峡所组成的嘉陵江小三峡。小三峡以北碚为中心，范围为北起合川区盐井街道，南起观音峡出口牛屎沱，沿嘉陵江两岸各约一千米宽，全长 27 千米。峡中江流湍急，水深莫测，峡岸群峰高耸，峻峭幽深，风光绮丽，1990 年被评为国家级风景区。

沥鼻峡为嘉陵江小三峡的起首，古名谢女峡，又称牛鼻峡、铜口峡，系江流切割沥鼻山而成。其得名源于岩壁上的两个怪洞，这两个并排石洞相距不远，酷似牛的鼻孔，洞中终年流水不息，淅淅沥沥，飘飘洒洒，直泻入嘉陵江中。峡中以牛名之的地方不少，有牯牛石、牛脑壳、牛鼻梁、牛屁股等。沥鼻峡大部分位于重庆市合川区，小部分在北碚区，全长三千米。入峡江水咆哮奔腾，漩涡迭生，气势磅礴，水深莫测，峡岸悬崖挺立，如刀凿斧削，最窄处相距不过 200 米。峡中石滩较多，怪石嶙峋，有巨梁滩、狮子坟、笑和尚、牛

晨曦中的北碚　彭伦贵　摄

鼻洞、猴子石、磨子沱等景致。

沥鼻峡上游龙洞沱外的江面上有一矗立在江心的巨石，分为两块，相与枕藉，枯水时露出江面十多米，像是供仙女梳妆的天然镜台，故有人称为“石镜石”，又称为“照镜石”，后世的石镜县、石照县名，皆源于此。

南宋诗人阳枋，写有《沥鼻峡》一诗：

双穴流清泉，古来名有自；
至今存一息，呼吸窍万类。
山以泉为津，石以穴为鼻；
无形本扩天，有质著平地。

清乾隆年间贡生、合州（今合川）诗人刘泰山有《出峡》诗：

盘涡三月水涟漪，峡口风烟去渐移；
深洞泉如流石髓，小船人是坐瓜皮。
簸摇天地欣开豁，迅速沙滩俨载驰；
倚岸斜阳满村店，转同酤酒望陲嶷。

清代诗人、华蓥山伏虎寺住持释昌言有《牛鼻峡》诗：

沩山一水牯，变相眠江头。
全身不可见，鼻观洟不休。

等闲牵不得，呼牛且应牛。

沥鼻峡中物产颇多，有煤，有石灰石，而最出名的则是号称西南第一砚的峡砚。峡砚被誉为“巴渝三大名砚”之首（另两砚为金音石砚和夔砚），又称为墨玉宝砚、草街嘉陵峡砚等。沥鼻峡两岸均产细青石，分别是江北岸麻柳坪一侧峡中的石坑口和江南岸的炭坝一侧峡中石坑口。麻柳坪的石质细腻无杂质，琢砚为佳，炭坝的石质带油晕，则次之。当时有民谚：“上峡砚石下峡灰，中峡的磨儿经得推。”峡砚雕刻技艺始于宋代，盛于清代，历史悠久，具有石质细腻、色泽淡雅、磨墨快速、不损笔锋、砚中蓄水、数日不干、储墨不腐、石料年久不风化等特点。早在明代，嘉陵峡砚就享有盛名，明代合州人吏部尚书李实曾题诗赞峡砚：

峡畔茅屋僻，巧工凿石盘；
启墨龙云舞，运笔虎榜悬。
石腻堪如玉，工艺圣手传；
贵似翰家客，四宝居一员。

而今的沥鼻峡，因下游草街航电枢纽蓄水成库水位上升，水流变缓，江面加宽，那些险滩、奇石多与鱼鳖为伍，连那对神奇的“牛鼻孔”和鼻孔中常年不绝的飞泉也被淹没，成了人们久久不能忘怀的记忆。

温塘峡

温塘峡又称温泉峡、温汤峡，属嘉陵江小三峡中段，其景色秀丽为小三峡之冠，系江流切割温塘山而成，因峡中有三股温泉而得名。温泉对岸，峡岸有一山溪泻落，形成两岩对峙的地貌，俗称“二岩”。因此，温塘峡又被称为“二岩峡”。温塘峡从上峡口马家沱到下峡口大沱口，峡谷幽深，江水清澈。

温塘峡中有温泉、溶洞多处。两岸山岩对峙，岩壁陡峭，多在 50 至 80 度，有的近似垂直。山峰高达 600 至 800 米。峡谷紧窄，宽度仅 150 至 250 米，最窄处仅 110 米。峡中平均水深 30 米左右，江流湍急。北岸为西山坪，岩壁挺立，如刀砍斧削；南岸为缙云山脉，林木蓊郁，高耸入云。峡岩之腰，泉如汤涌，云根窦生，秀丽迷人，今为重庆市自然风景保护区。

山东滨州人王采珍乾隆二十五年（1760）任合州知州时，曾夜过嘉陵江小三峡，听两岸崖壁飞瀑流响，思周公之贤，留诗一首《夜过温汤峡听瀑布》：

泉飞一尺瀑，月载一舟行；
岂有蛟龙窟，而来风雨声。
泠泠醒客耳，脉脉动吟情；
缅想濂溪子，新诗许载赓。

重庆人将回水湾称为“沱”，所谓回水，就是沱里的水流方向与河流的水流方向是相反的，水在沱里打着转转，故称为“回水沱”。沱湾中水流相对缓慢，而且水深，适宜鱼类繁殖。由于与主流相隔，不再受江流侵蚀，因而其沱湾岸边也更适宜人类居住。沱湾中又适宜停船，往往形成码头，因码头又往往形成街道，于是留下了众多与“沱”有关的地名。

温塘峡中水沱众多，上峡口有两个水沱，北岸为白沙沱，南岸为马家沱。下峡口有大沱口。白沙沱口有一排银灰色怪石，屹立岸边，嘉陵江水丰时隐于水中，水枯时露真容，远望像一群白羊，于是又名白羊碚、白羊背。大沱口则沱宽、水大，出峡水流如野马奔腾，因水底暗礁密布，故漩涡众多。大沱口南岸不远处的水中，有一章石形状的巨石，突兀高耸，人称“钓鱼石”。相传当年轩辕黄帝在缙云山香炉峰炼丹合药时，曾到钓鱼石处钓鱼，钓得了一条重达千斤的江团。

温塘峡峡口狭窄，出得温塘峡，嘉陵江江面顿时宽阔，令人有豁然开朗之感，从航拍的照片来看，此处宛若一宝葫芦口，睹此风景，使人心气开张，胸臆大舒。温塘峡既然以温塘为名，观赏其风景最佳处自然就在北温泉。北温泉筑有温泉寺，自南朝刘宋景平元年（423）开山筑寺，1927 年，

温塘峡　秦廷富　摄

卢作孚先生募款建成嘉陵江温泉公园。北温泉中名楼众多，最出名的当属周恩来、邓颖超、冯玉祥、陶行知、蒋介石、林森、黄炎培、郭沫若等近现代名人多次下榻的数帆楼，此楼即因于此可看温塘峡口点点白帆而得名。所留题咏更是如江上白帆，数不胜数。

1942 年，黄炎培偕新婚夫人姚维钧从歌乐山乘车游览北温泉，行至北碚弃车驾舟，漫游嘉陵江。他被温塘峡深深陶醉，赋诗一首《温泉峡》：

深江峡束奔流注，幻作琉瑙碧凝冱。
青山恹恹云醉之，破晓初醒还睡去。
山楼百丈临江开，绛桃玉兰锦绣堆。
佛殿铁瓦青崔巍，琴庐磬室相依偎。
藤根泉瀑若泼醅，我身既澡心绝埃。
善与众乐诚快哉，拖云一枕客梦回。
江声泉声井喧豗，千军万骑疑敌来。
与子同仇宁徘徊，棹讴上濑凄以哀。
如诉民隐心为摧，何处星歌沸遥夕。
云外楼台自金碧，嘉陵江上神仙宅。

观音峡

嘉陵江小三峡的最末一段为观音峡，观音峡是中梁山脉被嘉陵江冲刷侵蚀形成的峡谷，最窄处江宽仅 140 米左右，位于北碚老城区东南方向，西北起自朝阳桥，东南止于施家梁，全长约 4000 米。观音峡又名文笔峡，因峡口文笔沱岸边有巨石屹立，形如笏板，俗称“文笔石”。观音峡悬崖高处旧有古庙，名“观音阁”。观音峡即以此阁得名。

观音峡上峡口有毛背沱，下峡口北岸有江家沱，南岸有牛屎沱。峡中地质构造复杂，地层种类极为丰富，被誉为“天然地质标本陈列室”。观音峡的山势，具有“一山两槽三岭”的特点，峡峰高 500 至 700 米，山中洞穴众多，南北两岸有数道飞瀑。最著名的两道：一是三分水瀑布，洞口离江岩 10 余米，三股泉水从洞中飞流入江，溅玉飞雪，终年响彻峡江；二是革家岩瀑布，革家岩高耸入云，每逢雨大时，一道山泉从岩顶飞泻而下，如白龙入江，气势非凡。

观音峡是嘉陵江小三峡中最长也最险峻的一个峡，静水流深，明暗礁交错，水流湍急，“出峡清波宛似龙”。峡北岸中部有白庙子，是抗战时期大后方最大的煤港，也是北川铁路卸煤装船的煤港，当年这里能吞吐近 2000 吨煤炭等物资，江面泊船 300 余只。如今，随着天府煤矿的衰竭，白庙子帆影无存，唯剩下北川铁路和那长长梭煤槽的遗迹。

观音峡素为要冲，水路繁忙，陆路也同样热闹。峡北岸有张飞古道，传说为当年张飞北上阆中时所凿，道路狭窄，

险如栈道，又称为“蜀汉匾路”，匾路穿峡而过，直通温塘峡，现在观音峡中还留有张飞与军卒埋锅造饭的张飞洞。

观音峡南岸为 S542 省道（即原国道 212 线），有三个公路隧洞，俗称“一穿洞”“二穿洞”“三穿洞”，三个隧洞不长，彼此相隔不远，都是穿巨岩而过。距三个隧洞不远，有一块悬空于公路之上的巨石，从岩壁悬向公路中心，形状酷似老鹰嘴或老虎嘴。它本是鸡公山上的一块巨岩，在中华人民共和国成立初期修建公路时，本计划将其炸掉，可苏联专家经过计算，认为如果炸掉这块大岩石，会引起整个山崖的崩垮，老虎嘴因此得以保存下来，成为观音峡这段公路上一道突出的风景。老虎嘴之下还有一天然石洞，恰如老虎之喉咙，与凸出的虎嘴石搭配，浑然天成。让人感叹造化之神奇。乘车路过的人，转过山崖，骤见一危岩压顶欲倾，不免心颤惊呼。

八桥叠翠

2019年5月，由重庆市邮政公司印制发行的《五桥叠翠》邮资明信片在北碚区首发，同时启用“五桥叠翠”风景日戳。这“五桥叠翠”的景观就位于嘉陵江观音峡段，图案由北碚知名摄影人陈远鸿拍摄——蓝天白云下，嘉陵碧波与苍翠群山交相辉映，在不足一千米的峡谷中，横跨嘉陵江的五座大桥形成了五桥“叠翠”的美丽景观。明信片画面中由近及远分别是新朝阳桥、老朝阳桥、襄渝铁路二线北碚嘉陵江大桥、襄渝铁路北碚嘉陵江钢梁桥、兰渝铁路北碚嘉陵江大桥和遂渝铁路北碚嘉陵江大桥双子桥，有人较真，把那座双子桥分开计算，所以又称为“六桥叠翠”。其中，朝阳桥于1969年建成，享有“亚洲第一吊桥”的美誉，2007年12月13日停用，2011年建成的朝阳复建桥，成为老朝阳桥的“接班人”；2015年通车的兰渝铁路桥是几桥中最新的一座，也是中欧班列（重庆）经过的节点。

2005年重庆因桥梁数量多、桥梁规模大、桥梁技术水平高、桥梁多样化、桥梁影响力强，被茅以升桥梁委员会认

八桥叠翠嘉陵江　秦廷富　摄

定为中国唯一的“桥都”。但是在观音峡上如此短的距离内，密集着如此之多的桥梁依然少见。

北碚号称“渝州八景再添一景”的“八桥叠翠”，就是在双子桥分开计算的基础上再加上碚东大桥、渝武高速公路嘉陵江大桥，如此八座桥密集在小三峡5000米的范围之内，的确算得上“渝州第九景”。

马鞍溪

马鞍溪是周围一众居民休闲的绝佳去处。马鞍溪不长，从上游的龙滩子水库一路向下，七八千米，可一路走到文星湾大桥下，直走到嘉陵江边。马鞍溪不宽，只是一条浅浅的小溪沟，隔着那一湾浅浅的小河，对面的橘园、梅园等西南大学的一众学生宿舍“如在眼前”，恍惚好吃街上的一片居民楼也在西南大学的范围内，俨然成了西南大学这个“都市后花园”的后花园。

马鞍溪地势和缓，植被茂密，水中虾蟹不少，行走溪边，常见有钓鱼、抓小龙虾的人，嘉陵江涨水的时候，上游流下来的江水一路倒灌上来，灌满马鞍溪，或者连夜淫雨霏霏，溪水涨满的时候，鱼蟹更多。

现在，依托马鞍溪，已经建成了马鞍溪湿地公园，其起于龙滩子水库，止于嘉陵江。改造之后的马鞍溪更成了碚城居民休闲娱乐的重要场所，溪边环境清幽，水生植物茂盛，湿地特征明显。白鹭是环境好的重要标志物，马鞍溪的岸边湿地里有数个白鹭的小窝子，白鹭悠游从容，殊不避人。

马鞍溪湿地公园　吴立为　摄

龙凤溪

龙凤溪属于梁滩河的一部分，梁滩河全长 80 多千米，自重庆九龙坡区廖家沟水库逶迤而来，常年川流不息地游走在缙云山山脉和中梁山山脉之间，流经九龙坡、沙坪坝、北碚 3 区 10 余个集镇，最后在北碚毛背沱汇入嘉陵江。龙凤溪主要指自毛背沱入江口上溯至歇马镇天马村的大磨滩瀑布的这一段。

《重庆市北碚区志》（1989 年版）关于龙凤溪的文字记载简扼："位于中梁山与缙云山之间，有东、西两源；东源名梁滩河，源出巴县福寿场；西源名虎溪河，起于巴县走马场高岗岭，至双河口两溪汇合，流经北碚，长约 18 千米，蜿蜒于龙岗山与凤山嘴之间，故名龙凤溪。龙凤溪至大磨滩流出，两岸低丘起伏，平畴交错，蜿蜒曲折，溪水清沏。沿岸水竹密茂，古篁成林。山光水色，风景秀丽，两岸山岩成锯齿状，宛如十里城墙，别具风韵。50 年代在龙凤桥和长滩，修筑了两级堤坝，溪中曾置有游艇数十艘，供人畅游。"

梁滩河与龙凤溪的分界为大磨滩瀑布，瀑岩之上的溪河叫“梁滩河”，瀑岩之下则称“龙凤溪”。溪水从高坑岩溪潭流出，沿途经过小坑、红石桥、黑沱，流入长滩东，纳入冷水沟之后，河道迂回，经过鱼溅滩、牛尾沱、浅磴、礁窝沱、白洁滩、长坝嘴、老鲤滩、龙凤桥，最后流到毛背沱，汇入嘉陵江。北碚境内汇入嘉陵江的溪河众多，龙凤溪、璧北河、明家溪、马鞍溪、黑水滩河、后河……有 20 多条，龙凤溪的流量排在第一位。

龙凤溪蜿蜒曲折，跌下大磨滩瀑布之后水势平坦，一路缓缓下流，两岸田土、菜畦、果林、农舍星罗棋布，溪两岸相距不远，大多不足百米，水滨绿色弥漫，水竹、麻柳、慈竹、硬头黄竹、凤尾竹……杂草丛生，人迹罕至，长成绿毯一样的一片草甸。每逢嘉陵江水大，龙凤溪极易遭受倒灌，上游的滚滚黄水常常一路漫延上来，淹没一大片田土。这使得龙凤溪湿地特征明显。既然是湿地，龙凤溪上便每每有雾，那缥缈的云气顺着河道升腾、晕染开去，逐渐淹没两岸的楼宇，有时更和溪谷中那些农家小院的炊烟混合起来，使人如梦如幻，如痴如醉。

也托了倒灌的嘉陵江水，龙凤溪里的鱼类甚众，上游的大磨滩瀑布曾号称“鱼柜子”，团鱼成群，下游的江鱼溯流而上，鲤鱼、鲫鱼、鲶鱼、黄腊丁……龙凤溪水草繁盛，浓荫蔽日，正好成了鸟儿休养生息的天堂，不时白鹭飞舞，蛙声阵阵，蝉鸣不绝，引人遐思。

龙凤溪上原有一座老龙凤桥，建于清同治九年（1870），1979 年 7 月垮塌。1979 年 9 月，在距垮桥上游一两百米远处竣工落成一座新桥，这是座战备桥，比老桥长而结实，至今依然在使用，仍名“龙凤桥”，也是碚城中的重要街景地标。

曾经“避世隐居”的龙凤溪，如今不唯鸡犬之声相闻，两岸也早已是高楼林立，近两三年来更新建了许多富丽的新楼盘，俨然成了秀美的都市溪谷。曾经的龙凤溪因两岸工厂众多，污染严重，以至于连那溪中钓起的鱼儿都有“一股机油味”。

近年来，随着种种河水整治工程的实施，龙凤溪溪水已逐渐由浊变清。如今，龙凤溪这条与人们咫尺之遥的都市溪谷，更成了人们闲暇游览的好去处。

卢作孚先生多年前规划北碚时曾祝愿北碚处处“皆清洁、皆美丽、皆有秩序、皆可居住、皆可游览”，如此看来，此梦不远矣。

雾起龙凤溪　杨世兰　摄

小街大爱

初来北碚的人，行走于北碚老城的街头，总能看到一串串熟悉的地名。譬如：辽宁路、吉林路、黑龙江路、卢沟桥路，接着其他路也陆续被改为天津路、北平路、南京路等，颇具特色。

这些街道名，源于北碚成为抗战时的“小陪都”期间。在北碚的城建史里，卢作孚与抗战是两个非常重要的关键词，抗战全面爆发前，卢作孚的乡村文化建设已经成效显著。1936 年春，经四川省政府批准，成立了“嘉陵江小三峡乡村建设实验区”并设立实验区署，为国民政府一等县的行政区。北碚的乡村建设文化，在全国首屈一指。陶行知先生曾赞誉北碚是“建设新中国的缩影”。

1937 年“七七事变”后，抗日战争全面爆发。10 月 30 日，国民政府决定西迁重庆。12 月 1 日，国民政府开始在重庆办公，重庆成为战时首都，北碚被划为迁建区。大批的中央机关、团体、工矿企业，以及科学、文化与卫生单位等涌入北碚，至 1939 年达到高潮。

抗战为碚城的发展创造了新的契机，遗留下了丰富的文化遗产，说碚城是抗战文化的一座宝库也不为过。碚城人同样也为抗战做出了巨大的贡献与牺牲。1939年春，人民教育家陶行知来北碚，创办晓庄研究所研究兵役宣传，同卢子英联手，在北碚开展“志愿兵运动”。一时间，“妻子送郎上战场，母亲送儿打东洋”的场面，在北碚城乡比比皆是。

“小陪都”有一个创举，即每沦陷一个省、市，就以这个省、市的名字，替换一条原有的街名。早在“九一八”事变时，东三省沦陷，卢作孚为了让人们牢记日寇侵华的罪行，不忘国耻，立马将清合路改为辽宁路，把西山路改为吉林路，

北碚老城新貌　黄鑫　摄

歇马路改为黑龙江路。“七七事变”的消息一传来，卢子英就将东山路改为卢沟桥路，接着其他路也陆续被改为天津路、北平路、南京路等等。19 条街巷有 15 条是用沦陷区之名来命的名，人们一走到街上，就知道日寇侵占了中国哪些地方，逃难来此的人们看到这些街名，就想到自己的家乡，从而激发起收复失地的决心与勇气。

时至今日，这些地名也多有保留，成为北碚地名中独特而有内涵的一面。用街名这个特殊形式让北碚人不忘国耻，铭记日寇侵略者的滔天罪行，警示着人们世世代代不忘国耻，奋发图强，即使在战后，也不要忘记这段历史，时刻记住振兴中华。

重庆自然博物馆

蒋登科先生曾经写过一组《夏日诗章（四首）》，其中有一首《在北碚散步》：

不就是傍晚出去沿着街巷漫步吗?
在这座叫北碚的江边小城，
嘉陵江在身旁，缙云山在远处。
但是，每一寸土地都有故事，
每一棵树木都经历了岁月的风霜，
感觉每一步都踩在历史上，
从科学到军事，从实业到艺术，从休闲到文学……
从文星湾，经过中山路，一直到水岚垭，历史的巷道好长！
靠近文学的时候，光线已然黯淡，
凑得很近也难辨分明。

诗中所描述的，恰是游览北碚抗战文化的一条重要路线，从文星湾桥头开始，一路经过中国西部科学院旧址、峡防局

中国西部科学院旧址

旧址、红楼、北碚公园、四世同堂纪念馆等然后回到文星湾。“过其门而不入”，一路缓行的话，大概只需半小时。在这一条路线里有三处全国重点文物保护单位、一处重庆市文物保护单位，这是北碚文化景点最集中的路线，碚石、庙嘴、“梧桐街”等北碚文化精髓的代表也都在此处，是短时间内饱览北碚文化的绝佳路线。而这一路上的景观也都同卢作孚先生有关，是他当年乡村建设的重要成就。

作为这条路线起点的中国西部科学院旧址，位于北碚区文星湾 42 号，是重要的近现代史迹，1930 年秋，由爱国实业家卢作孚创办。院址初设火焰山东岳庙，1934 年院部及理化所迁往文星湾惠宇。1943 年，该院联络中央地质调查所等十余家科研机构在此又兴建了中国西部博物馆，由卢作孚任院长，下设理化、地质、生物、农林等四个研究所，先后设有图书馆、博物馆、学校、气象测候所，并管理着三峡染织工厂和西山坪农场等。旧址内主体建筑有惠宇、地质楼、卢作孚旧居和地磁测点碑等。

中国西部科学院旧址是中国第一家，也是西南地区唯一的一家民办科学院，内里还有多个第一。如我国第一件地形浮雕——“中国地形浮雕”；我国第一具中国人发掘、研究、装架的恐龙——“许氏禄丰龙”；中国人主持发掘的第一个完整的北京猿人头盖骨化石模型——“北京人”模型等。同时，在那个时代就能将动物陈列作自然环境布置，如“中华白熊自然环境”（白熊，即大熊猫），这也开创了当时国内博物馆标本布置的新纪录。中国西部科学院的建立，在中华西部腹地打开了一扇用科学与教育救国的大门，其与中国西部博物馆在抗战大后方的携手，又在很大程度上带动了西部地区科技文化教育事业的进一步发展。1949年以后，中国西部科学院先后改建为西南人民科学馆、西南博物院自然博物馆、重庆市博物馆自然部、重庆自然博物馆北碚陈列馆（2015年5月以前）。

1950年，中国西部科学院和中国西部博物馆由西南文教部接管。1952年，改为西南人民科学馆。1953年，并入西南博物院，更名为西南博物院自然博物馆。1955年，西南博物院改组为重庆市博物馆。1981年，四川省人民政府在重庆市博物馆增挂"四川省重庆自然博物馆"牌子。1991年，重庆自然博物馆独立建制至今。2006年，被国务院公布为第六批全国重点文物保护单位。2009年，入选国土资源部"全国第一批国土资源科普基地"。2013年，被国土资源部和科技部联合授予"全国首批优秀国土资源科普基地"。2016年，被评定为国家AAAA级旅游景区。2017年，由中国博物馆协会批准挂牌"一级博物馆"。2018年10月，被评为全国中小学生研学实践教育基地。2019年度，荣获全国博物馆十大陈列展览精品优胜奖。2020年12月，被评为第七批国家生态环境科普基地。2023年3月，重庆自然博物馆非遗生活馆正式开放投用。

重庆自然博物馆（新馆）于2015年建成开放，其设计理念来源于自然现象"根包石"，重庆市的市树黄葛树之根，蜿蜒交错扎根于巴渝土地的岩石之中，反映了自然界旺盛的

重庆自然博物馆　秦廷富　摄

生命力，展现了自然之美。馆内现有藏品11万余件，涵盖动物、植物、古生物、古人类、旧石器、地质矿产、岩石、土壤等八大学科，以系统收藏中生代各类恐龙化石和西部地区丰富多样的脊椎动物标本为主要特色。其展区主要设有脊椎动物、古生物进化、恐龙世界三大基本陈列，包括“动物星球”“恐龙世界”“山水都市”“地球奥秘”“生命激流”“生态家园”等，主要展示地球演变、生命进化、生物多样性以及重庆壮丽山川，重点阐述自然资源、环境与人类活动的关系，倡导人与自然和谐共处和可持续发展理念。

卢作孚纪念馆

北碚主城曾有三宫八庙，其中的武庙据说在今天的北碚图书馆一带，而文庙也即“硕果仅存”的文昌宫，始建于明末清初，清乾隆四年（1739 年）进行过修整，是北碚城区中唯一保存下来的古建筑，清末民初，文昌宫曾改作为私塾。

文昌宫所在地，被称作“庙嘴”。游览完中国西部科学院旧址，从水厂旁边的小路沿石梯一路向下，看到一口绿藻漂浮的潭水，这就是马鞍溪下游汇入嘉陵江的黑石潭了。黑石潭旁的崖壁上刻有“黑石潭黑龙大王香位”几个字，内里想必也有一段传说吧。黑石潭旁有一条小路，由此蜿蜒向上，便是文昌宫了。

远观庙嘴，“悬崖绝壁，雄峙江岸”，其崖壁凸出，矗立江面，颇似鹰嘴，其上又背驮文昌宫古庙，不知道这是不是“庙嘴”名字的由来。庙嘴对面几百米处就是横卧嘉陵江江心的白鱼石。

“碚”字的由来，有一种说法就和庙嘴有关，据说杜家街有位杜举人，要为北碚取名字，他立足杜家街，眼望白鱼石。

见白鱼石右旁悬崖上竖立着飞檐翘角的文昌宫，崖下一口黑石潭。于是取白鱼石为偏旁，上“立”着一座庙，庙下一“口”潭。如此，这“石”“立”“口”便组合成了北碚的“碚”字。

传说缥缈，但庙嘴，尤其文昌宫也的确是碚城的核心，更是碚城立城的关键。

20 世纪 20 年代初，处于江（北）巴（县）璧（山）合

（川）交界处的嘉陵江小三峡地区的北碚本是一个匪患猖獗的乡坝，这里的土匪曾多达几十股，他们少则数十人，多的达四五百人，啸聚山林，神出鬼没，为害一方。

1927 年，合川人卢作孚出任江巴璧合四县特组峡防团务局局长，负责剿灭周边的匪患。剿匪的同时，卢作孚还在北碚进行了乡村建设实验。到匪患肃清时，北碚的乡村建设成就已初具规模。

卢氏兄弟在北碚的二十多年里，北碚经历了峡防、乡建、抗战这三个重要历史阶段。其间，卢氏兄弟主持修公路、办工厂、建公园、设医院，建成了四川第一条铁路——北川铁路，开办了当时四川最大的煤矿——天府煤矿，创立了中国唯一也是最大的民办科研机构——中国西部科学院，率先建成了乡村电话网络……北碚从一个穷乡僻壤变成了当时全国闻名的“小陪都”。

而以上这些决策都是卢氏兄弟在庙嘴的峡防局制定实施的，其司令部及后来的嘉陵江乡村建设实验区署、北碚管理局都设在这里，中华人民共和国成立初期，北碚军管会、朝阳派出所也设在这里，后被改造为大明厂职工宿舍，再之后又作为居民租用房。庙嘴峡防局一带也因此成为 20 世纪 20 年代至 50 年代初北碚的政治文化中心，见证了小城北碚逐渐走向繁荣昌盛的历程，不愧是当时的“行政中心”。

2009 年 7 月，峡防局旧址被确定为重庆市重要抗战遗址，2012 年辟为卢作孚纪念馆，如今修缮后的卢作孚纪念馆为全国重点文物保护单位、重庆市抗战遗址保护点、国家三级博物馆、青少年爱国主义教育基地，雄峙嘉陵江畔。其建筑为穿斗结构，青瓦屋顶，端庄朴素，由三个大殿和两侧耳房以及吊脚楼组成，从各地征集来的文物在原卢氏兄弟的办公室内悄然放置，集中展现了卢作孚先生为民族复兴创办教育、兴办实业、启迪民智、推行乡村建设实验的爱国主义情怀和实绩。

庙嘴卢作孚纪念馆前的平坝，如今已经成了周围居民休闲娱乐的重要场所。江风习习，坐于此地，手持一杯清茶，举目远眺，可欣赏上游温泉峡上的风景，近则可观如在眼前的白鱼石，对岸隐约可见东阳夏坝的复旦大学旧址。晴天的时候，庙嘴上下的礁石上，满是漫步、捡石、遛犬、放风筝的游人，此处实在是休闲观景的绝佳去处。

梧桐街

人们对一座城市的印象，往往和这座城中所种的树相关。在这些或相似或不同的城市里，总有一条地处核心的步行街，街两旁往往种着或相似或不同的树。对于碚城来说，这树是梧桐。

不过此梧桐并非那可供凤凰栖止的传统梧桐，而是人称“法国梧桐”的三球悬铃木。三球悬铃木是如何变成“法国梧桐”的？这本来就是一段掰扯不清的公案，对吾等升斗小民来说，除了多加几分谈资外，那三球悬铃木的“官称”不仅绕口，叫起来也缺了几分美观，碚城人更喜欢简而言之地称其为梧桐，更有人干脆将北碚唤作“梧桐城”。

北碚的梧桐树很多，仅在老城区域，中山路、胜利路、人民路、碚峡路这几条主要干道上都可见梧桐那曼妙的身影。但人们所习称的“梧桐街”还是指的中山路天奇广场之下那一段。

有人说：“有历史的城市不一定都有梧桐，而有梧桐的城市一定具有深厚的历史底蕴。”曾经有人评选了中国最美

北碚老城街心花园　姚中明/ 摄

的七个梧桐树城市，上海、南京、杭州、武汉、青岛、常德而外，便是重庆北碚。而北碚最美的梧桐，都集中在这条梧桐街上。梧桐街上的梧桐高举如伞，婆娑多姿，于高处携手而握，夏日绿荫蔽日，凉意摇曳；冬日金黄满眼，即使寒风凛冽，心中也暖意融融。

但梧桐街上梧桐的美，不仅源于它那摇曳的身姿，更是因为它背后的那一段历史，以及历史上的那个人。从 1939 年起，北碚实验区署发动市民填沟，修马路。20 世纪 30 年代，“北碚之父”著名爱国实业家卢作孚先生，从上海运回了 36 株法国梧桐幼苗，种植在了北碚的土地上，梧桐街上开始有了梧桐。那时候的北碚，由于卢作孚先生的主持建设，已经由四县交界处的一个匪患猖獗的小乡场蜕变为民国时期重庆最闪耀的一座城，被称为“小上海”。这些来自上海滩的“法国梧桐”来到山城并没有水土不服，反而长势喜人，不但旺盛如林，更逐渐覆盖了北碚的数条街区，如今算来，梧桐街上那些粗大的梧桐，已八九十岁矣。

梧桐街并不长，不过两千米的样子，但在这不长的距离内，却密集着卢作孚先生当年所营建的图书馆、美术馆、平民公园、民众会堂……那由人称“重庆詹天佑”的丹麦工程师守尔慈所规划的北碚老城区精华基本集中于此。尤其是那如项链宝石般的北碚第一个街心花园，虽然世事变迁，周围种种建筑数易风貌，其形制却始终不变，和几十年前的老照片上相差无几。事实上，文化场所集聚的梧桐街至今仍是人们游览休闲的重要所在，人们在图书馆看完书，还可步行几百米去红楼美术馆看画，到几百米外的体育场去运动，去隔壁的北碚公园休息看江景，去不远处的文化馆看表演……短短几步路即可满足大部分文化娱乐需求。想想那些都市病缠身，动辄驱车几千米，限号限行的“大城市”，碚城人的幸福感不知要高上多少倍。

人们从这些场馆中游览出来，是很难不对卢作孚先生的远见和成就深深钦仰的。尤其是看到梧桐街上的那些梧桐。事实上，固然岁月流逝，但除了民众会堂变成了天奇大楼，北碚文化馆旧貌换新颜，国旗台接通了轨道交通 6 号线……梧桐街上那碧绿如玉、绿荫交攀如翠廊的树，依然随风摇曳，恍惚如昨日，让人想见作孚遗风。卢作孚先生曾说：“愿人人皆为园艺家，将世界造成花园一样。”这梧桐街上的梧桐，便是北碚这座大花园里最美的树吧。

北碚图书馆

阿根廷诗人博尔赫斯在诗篇《关于天赐的书》里写道：“我心里一直都在暗暗设想，天堂应该是图书馆的模样。”现代都市里，图书馆总是它的文化心脏，其建筑形制或许并不如那些俊男靓女出没的 CBD 奢华时尚，但总展现着这座城市的底蕴与真正活力。

北碚图书馆因其藏书丰富和底蕴深厚，被誉为“川东天一阁”。其最醒目的底色，应该是它市井化的民众色彩。

不管何时，漫步熙攘的北碚街头，总能看到那窗明几亮的阅览室里坐满静静读书看报的人们，不唯有查阅资料的青年学生，更多的则是刚刚买菜购物归来的老爷爷、老奶奶们。他们往往随意地将那些还沾满菜市场气息的青菜或半斤猪肉放在桌边，顺手拿起几份报纸仔细阅读，这情形毫不违和，反而是那样融洽，那样自然而然，更让人觉得图书馆这座殿堂里充满了生活气息，充满了不竭的活力。

这一切，当然也源于卢作孚先生。有商务印书馆工作经历的卢作孚先生历来重视图书馆的建设。1933 年 4 月，他在

《必须做民众运动》一文中强调：“民众教育不仅仅是民众学校，是可以从多方面举行的。如像医院天天有病人，博物馆、动物园天天有游人，图书馆天天有读书、看报的人……都是我们应施教育的民众。”1927年冬，卢作孚先生出任北碚峡防局局长，借北碚关帝庙一角筹建图书馆，命名为峡区图书馆，1928年5月正式开馆。

峡区图书馆建成后规模日渐扩大，在水土沱、澄江镇都陆续开设了分馆。1933年，峡区图书馆并入中国西部科学院图书馆。1936年，为方便民众阅读又独立出来成为“北碚民众图书馆”。那段“陪都的陪都”的历史给峡区图书馆

的发展带来了很大的财富。初创时，馆内藏书只有受捐赠所得的400余册，而至1939年时峡区图书馆已有藏书4万余册。抗战结束后，图书馆收到美国新闻署赠送的近万册新闻周刊。1945年11月，卢作孚将民生公司图书馆、西部科学院图书馆，以及北碚民众图书馆合并，并收入了几位藏书家捐赠的图书，联合组成北碚图书馆，并成立北碚图书馆理事会，由晏阳初任理事长，张从吾任馆长。

1946年3月，北碚图书馆迁入卢作孚主持修建的北碚公园内的“红楼”。当时卢作孚高兴地说：“将来要逐渐把公园火焰山周围一带建设成北碚的文化区，其中心就是北碚图书馆。”1949年1月，设在北碚温泉公园的北泉图书馆并入北碚图书馆，使馆藏图书达到24万余册。

历经90多年的建设和发展，曾号称“川东天一阁”的北碚图书馆藏书更加丰富，逐步整理形成古籍善本、革命历史资料、抗战文献、地方志、地方文献5大体系。目前已有馆藏文献60万余册，其中历史文献近30万册，古籍文献10万余册，并有21种共6840册古籍入选《国家珍贵古籍名录》。除了以丰富而珍贵著称的抗战文献之外，北碚图书馆所藏的地方志也颇为可观。据统计，北碚图书馆藏地方志12520种，2万余册，其中不乏具有史料价值的珍稀善本，且《中国地方志联合目录》未收录，至今未见印行传世。比如：清代彩绘插图本《云南通志》、明正德《姑苏志》、清乾隆《罗田县志》及《北碚志稿》等。2018年，北碚图书馆据此整理了100余种地方志出版了《北碚图书馆藏方志珍本丛刊》。

如今的北碚图书馆秉承作孚先生“开民智，广教育”的办馆理念，服务社会，服务大众。2011 年，率先在重庆市实行免费开放，如今更按照“1+17+N”（即 1 个区级总馆、17 个镇街分馆、N 个社会分馆）的北碚模式，全力推进文化馆、图书馆总分馆制建设。现已完善区属二级行政区 17 个镇街分馆的建设，总分馆实现区域内二级行政区全覆盖，占比 100%。

北碚红楼

“更倩红楼添一角，江山顿觉太玲珑。”碚城的人谈起飞檐翘角的红楼，口齿间总涌起一股暖暖的甜意。黛瓦红墙的红楼独居于高高的火焰山麓，下邻蜿蜒秀美的碧绿嘉陵江，是那样的秀美雅致，又是那样的玲珑精巧。

砖木结构的红楼，坐落于北碚公园旁侧，是一座三层加阁楼的歇山顶小楼，具有典型中西合璧的民国建筑风格。1932年，红楼由著名实业家卢作孚先生主持修建，最初的红楼用作兼善中学校舍。卢作孚先生于1930年秋季创办兼善中学，其校名出自《孟子》“穷则独善其身，达则兼善天下”，初中第一班以江北贫儿院的29人为基础，借北碚火焰山东岳庙暂住。1932年3月，新建校舍楼房一幢于北碚公园右侧（即红楼）。全面抗战伊始，兼善中学搬迁去了毛背沱，红楼成了中央银行北碚办事处。

抗战胜利后，原峡区图书馆、西部科学院图书馆、民生公司图书馆合并而成的“北碚图书馆”搬迁至红楼，作为其办公场所、书库、阅览室。此后，红楼还作为卢作孚先生纪念馆和古籍藏书室。2001 年，北碚图书馆新馆建成后，古籍陆续迁往新馆特藏书库。2013 年，北碚美术馆在红楼挂牌成立。

1943 年 10 月，蒋介石、宋美龄出席荣誉军人自治实验区开幕典礼后，返回重庆时，曾在红楼小憩，用午餐。1944 年，美国副总统华莱士访华也曾到访红楼。当时的北碚是中央农业实验区，在时任国民政府农林总长的陪同下，华莱士与中方人员在红楼共进午餐。午饭休息后，就到二楼的阳台看滑翔机表演。这次表演是专为欢迎华莱士来访准备的，得知消息的市民们纷纷赶来观看，人山人海的欢呼声与如潮的掌声，

北碚红楼　秦廷富　摄

不亚于今日演唱会的盛况。

红楼作为重庆北碚地区历史文化标志性建筑，也是民国嘉陵江三峡乡村建设实验的重要旧址之一，对研究民国时期建筑样式有重要的参考价值。1989 年 7 月，红楼成为北碚区文物保护单位，2009 年 12 月升级为重庆市文物保护单位。2013 年 5 月，红楼与峡防局旧址等嘉陵江三峡乡村建设实验的旧址群一起被列为全国重点文物保护单位。

2015 年，于红楼前方建成了顾毓琇先生纪念亭和铜像，沿袭红楼旧制，颇类古迹。顾毓琇是一位享有国际声誉的电机工程专家、自动控制专家，亦是一位教育家、戏剧家、诗人、音乐家、翻译家、佛学家、书法家。他被誉为中国“现代文化史的巨匠”“文理大师”和“文化奇才”。这位文理兼长的大师，与北碚结缘极深。全面抗战之初，顾毓琇移居重庆北碚，任教育部政务次长。他在北碚生活工作两年多，更建设了自己的小院。沐浴着缙云山的微风，观赏着嘉陵江的秀水，顾先生创作了《古城烽火》《岳飞》等九个剧本和一部长篇小说、两部短篇小说，另有多首抗战救国诗词和多件书法作品。时光荏苒，顾毓琇先生的旧居已无处可寻，于是人们便在红楼边上修起了这座纪念亭和铜像。2015，纪念亭落成典礼时，顾先生的儿子顾慰庆亲自为父亲的铜像揭幕，孙子顾宜凡为纪念亭捐赠了珍贵的书籍和文史资料。

2012 年盛夏，红楼在升级改造时突遭回禄，惹得众多爱书人士担心不已，幸而楼内藏书早于三个月前迁至北碚图书馆新馆，32 万册珍贵古籍均得以保全。

卢作孚先生一直重视古籍保护，曾特批资金用于搜集流落民间的古籍和珍贵资料。借着“下江人”回乡的契机，红楼收藏了很多字画珍品和古籍珍本。1949 年底，梁漱溟先生离开北碚之时，还把自己收藏的很多珍贵字画赠予北碚图书馆。在红楼馆藏古籍、字画中，最具代表性的是梁漱溟先生捐献的《金农硃竹并题立釉》。金农传世的画本来就不多，而留有梁漱溟先生墨宝的《金农硃竹并题立釉》更是绝无仅有，其收藏价值和市场价值难以估量。馆藏明代中期“吴派”的开创者沈周所绘的《水墨山水立轴》，明末著名书法家王铎的《行草书长卷》，清代刘墉的《行书立轴》，现代张大千的《净瓶观音图》、齐白石的《仙桃图》同样价值不菲。

如今的红楼作为北碚美术馆，经常举办种种免费画展、影展，成了北碚文化传承、交流的重要平台，更是碚城人闲暇游览、熏陶艺术的悠悠胜地。诗情画意的飞檐红楼，确实使北碚山水更添几分玲珑。

北碚公园

北碚公园是重庆市规范化管理二级达标公园，位于嘉陵江南岸北碚区中心的火焰山上，现有面积 7.43 公顷，地理位置优越，园地四面临街，交通十分方便。内有作孚纪念园、盆景园、雉科动物展览、休闲茶园等，是一个人文景观与自然景观相结合，集休闲娱乐为一体的综合性山地公园。其原址为火焰山东岳庙，1930 年，卢作孚先生为了发展北碚地方经济文化事业，拆毁东岳庙神像，建成了峡区博物馆，揭开了公园、动物园建设的序幕，最初取名“北碚火焰山公园”，不久更名为“北碚平民公园”，1950 年被北碚军管会文教部接管并更名为“北碚公园”。

长期以来北碚公园都有动物展出观赏，从最初饲养良种家禽，发展到展出虎、狮、狼等猛兽和其他野生动物。随着时代的变迁大型动物均已陆续退场，目前动物展出以深受小朋友喜欢的雉科动物和小型动物为主。

1869 年 5 月 4 日，法国传教士谭卫道在四川雅安首次捉到野生大熊猫，并定名“黑白熊”，后归入“猫熊”。1939

年 8 月 11 日，内迁北碚的中央研究院动植物研究所，见北碚平民公园动物数量减少，为充实内容，便把从野外捕捉到的大熊猫赠予北碚实验区区署，交平民公园动物园饲养，供公众观览，这也是目前已知最早的大熊猫活体展示。

毛泽东在谈到中华民族工业发展过程时说道，四个实业界人士不能忘记，“搞重工业的张之洞，搞化学工业的范旭东，搞交通运输的卢作孚和搞纺织工业的张謇”。“北碚之父”卢作孚的墓园，正在北碚公园之内。作孚园坐落在北碚公园的最高点上。为纪念卢作孚先生对开拓北碚做出的巨大贡献，1986 年，政府发动民间集资，在北碚公园的最高点上修建了卢作孚纪念园。1952 年，卢作孚先生逝世，埋葬在南岸龙门浩，1999 年，迁到北碚公园，与夫人蒙淑仪女士的骨灰合葬于此。作孚园内有卢作孚先生汉白玉石塑像，作孚夫妇墓地，周谷城、孙越崎、梁漱溟、陈铭德题词，晏阳初撰文、卢作孚名言等。碑文、浮雕、大理石屏风墙、纪念亭、纪念撰文错落布置在曲折蜿蜒的山径之中，绿树花草之间。在卢作孚墓园后方的照壁上，镌刻着卢作孚先生的名言：“愿人人皆为园艺家，将世界造成花园一样。”如今，北碚小城也确如作孚先生所愿，依然是一座花园般的小城。

公园内还有一座清凉亭，坐落于火焰山麓的嘉陵江畔，原名慈寿阁，建于 1935 年。阁分两层，一楼一底，依山傍水，小巧玲珑，掩映于苍松翠柏中。这里同样有着一段佳话，1934 年正月初三日，卢作孚的老母六十寿辰时，亲朋好友和北碚各界人士，筹集了 3000 银元作寿金，准备为卢母修建一幢别墅。卢作孚认为，接受礼金为私人建房不妥，便与母亲商量，决定将这笔钱收作公益之用，在北碚公园内建造了一栋亭阁，供人观瞻使用。在为此亭取名时，大家议定阁名为“慈寿阁”，以示阁子建设由来。但因卢作孚先生反对，“慈寿阁”的牌匾一直未挂，1937 年 12 月 15 日，卢作孚请国府主席林森题写了“清凉亭”三字，以更换“慈寿阁”之名。自此，“清凉亭”之名，沿袭至今。

 北碚公园　王飞　摄

闹市舞台

北碚老城区的中山路被圆圆的天奇广场分为上下两段。从嘉陵江边沿着梧桐绿荫覆盖的小路走到尽头，便可见到造型古朴的北碚文化馆静静矗立于街边。

这里是北碚老城区的中心，北碚文化馆始建于 1950 年 2 月，其前身为 1937 年设立的“民众教育馆”。初成立时，北碚文化馆的馆址设于黄山堡火神庙内，隶属于川东区行政公署文教厅。1952 年，改为北碚市文化馆，当年 9 月川东行署撤销，不久改为市第六区人民文化馆。1959 年，改为北碚区文化馆，馆址设于朝阳街道中山路 58 号。历史悠久，文化底蕴厚重的北碚文化馆，享有重庆市“百年社文第一馆”的美誉，先后获得全国先进文化馆、国家一级文化馆、中国优秀文化馆等殊荣。

20 世纪 80 年代的北碚文化馆，临中山路一侧没有门面，一左一右的两道青石阶通向馆里，小坡上左侧是办公楼，中间是平坝，右侧是茶园，有段时间，茶园下的堡坎也辟作露天茶园。茶园高朋满座，人声鼎沸，干部、教授、大学生及市民，都爱到这里喝茶聊天、下棋打牌、谈生意。不少大学生在此左手揭茶杯盖，右手翻书，以茶水滋润学问。文化馆设在街边的宣传橱窗，后来发展为北碚诗画廊，延至朝阳小学临街墙壁……

当年北碚文化馆附近，文艺设施林立，最醒目的就是卢作孚先生所建的民众会堂。冠绝大西南的民众会堂于1949年后更名为“人民会堂”，长期是北碚的中心和标志性建筑，更是北碚繁荣的象征。除影剧演出之外，重大会议、节日联欢、表彰先进、歌咏比赛……细数小城几十年间的盛大庆典，无一不在这座宽大的、具有象征意义的大礼堂里举行。1999年，随着老城区改造的步伐，在原来人民会堂的旧址上建起了天奇大厦。北碚文化馆附近还曾有抗战时所建的中山文化教育馆，董事长是孙科。还有一座国立礼乐馆，也建于抗战时期，由顾毓琇任首任馆长。

这些文化场所所承载的文艺功能，逐渐都迁徙到了北碚文化馆，使得北碚文化馆成了老城区文艺活动的中心。如今的北碚文化馆，占地11亩，建有数字文化体验厅、非物质文化遗产保护展示厅、多功能演出剧场、民众艺苑广场等30余个文化活动场所，文化设施布局合理、配套完善，成为北碚区文艺演出、艺术培训、数字体验、远程教学、非遗展示、会议展览的集散地。更成立了重庆两江艺术团、文化馆老年艺术大学，组建了缙云之声合唱团等馆办文艺团队9支、基层文化活动基地（示范点）60个，基层文化指导员逾2000人，为繁荣发展城乡文化起到了龙头和纽带作用。

北碚文化馆还深入挖掘北碚特色民间文化，目前有区级非物质文化遗产项目104项、市级传承基地4个、传承人9人，其中“北泉板凳龙”等18个项目入选重庆市非物质文化遗产名录；“北碚剪纸”作为中国剪纸的组成部分，列入世界级非物质文化遗产保护名录。

北碚文化馆设有舞台，每逢闲暇常有歌舞节目演出，观众便是街头来来往往的行人，人们行走于北碚梧桐街上的闹市街头，常常得以便利地观赏这些精彩的文娱节目，真真是文艺无界限。

正码头广场

北碚正码头，顾名思义，是嘉陵江流经北碚段，最大也最“正”的一个码头。因为，这一片正好是北碚由小渔村而“繁衍”成一座现代化都市的最早母城。正码头记录了北碚城建历史和经受的风雨沧桑。

2019 年 12 月 14 日，经过两年多时间改造，作为北碚的开埠之地和老城区主要区域，北碚区正码头广场正式开街，以崭新的形象呈现在人们面前。

正码头广场范围从北碚毛背沱至庙嘴，长约两千米，土地面积约 800 亩。2017 年以来，北碚区对该区域进行改造，建设内容主要包括“一片、两园、三路”，即南京路片区风貌改造、滨江休闲公园和滨江带状公园建设、碚东大桥转盘引道及朝阳东路、碚峡北路、滨江路下穿道工程。

其中，作为正码头广场核心区域的南京路片区，是重庆市 28 个历史文化传统风貌片区之一，也是重庆 5 类历史文化传统风貌特征中开埠建市类的典型代表。这里最早由卢作孚等进行规划，一步步由乡村变成功能完善的城市。抗战内迁、三线建设等时期，人才、资金、物流等汇集于此，留下了一大批历史文化遗存。

南京路片区位于北碚老城朝阳街道天津路社区，包括了天津路、上海路等多条街区。改造过程中，北碚区完整保留了该片区街巷空间和布局特点等传统风貌，对建筑外立面、绿化景观、综合管网等进行了提档升级。

广场的滨江休闲公园、滨江带状公园既为市民提供了宜人舒适的绿色滨江休闲空间，也有效解决了滨江区域停车难

滨江路好吃街　杨世兰　摄

正码头广场

问题。干净整洁的市容环境，古朴宁静的房屋建筑，井井有条的管理秩序，让走在这片街上的市民和游客感觉格外舒心。

在解决下半城风貌陈旧、设施老化、交通不便等诸多问题的基础上，北碚区还把目光瞄向文化和旅游，引进了重庆九街集团等企业积极参与业态升级和夜间经济发展，成功打造了“码头没有轮渡”夜间餐饮时尚休闲品牌。

“码头没有轮渡”的名字是有点怪，但符合北碚正码头的历史记忆特征。正码头就是老北碚的“记忆”，是北碚曾经的商贸中心。它见证了北碚曾经的激荡岁月，也记录着现世的平安喜乐，在北碚人心中永远占据着一席之地。随着城市的升级扩张，曾经热闹繁华的正码头已不见踪影，轮渡也随着时代的发展逐渐退出历史的舞台。为使码头记忆“活”起来，北碚整合嘉陵江优质商业资源，引进九街集团，全新打造了“码头没有轮渡”项目，延续正码头文化。

“码头没有轮渡”以场景体验为设计重点，打造坐落于嘉陵江畔的特色码头区，将沙滩、鱼池、椰林、渔船等元素融入景观中。风格独特的码头咖啡、木马酒吧、周末创意集市、美食街、休闲娱乐一应俱全。各方各派独具匠心的小玩意，旋转木马、沙滩椰子、乐队……都充满着无数创意，带给游客意想不到的惊喜。

经过几年发展，“码头没有轮渡”已成为北碚老城区夜间最热闹最繁华的地方，也是北碚年轻人最主要的夜间休闲娱乐场所之一。北碚区还将继续在正码头广场植入文化旅游元素，挖掘彰显城市历史文脉，将其打造成以“巴山夜雨地千年正码头”为品牌，以抗战历史文化街区、中国乡村建设文化遗址为主的文化旅游目的地。

四世同堂纪念馆

抗战时期的重庆作为战时首都，城市人口急剧膨胀，城市承载压力也随之加大。为了分散人口，缓解市区承载压力，并减少日机轰炸带来的损失，国民政府决定在重庆近郊开发建设迁建区，将聚集在重庆市区的机关、学校、企业与人口分散安置。这极大促进了北碚的城市化进程，大量文化单位入驻以及“三千名流下北碚”使得北碚从一个主要以中小学为主，缺乏高等学府或专科学府的地区一跃变成拥有十余所高等院校的聚集地，充分促进了北碚的文化发展与繁荣，其境内的夏坝更成了抗战时期著名的“文化四坝之一”。

老舍先生的儿子舒乙在缅怀北碚的文章《第二故乡的梦》中写道：“那时的北碚是个小城。城中心靠着嘉陵江，其规模也就是三五条小街吧。它的精彩之处，并不在城中心，而是周边。周边散布着无数文化教育机构，都是由北平，由上海，由华东，由华南搬来的，里面住着一大批赫赫有名的文化人，说他们是全国的思想精英一点也不为过。”

自然而然地，这段历史也给北碚留下了众多风貌依稀的名人旧居。其中声名最煊赫的恐怕要数以《雅舍小品》而蜚声海内外的梁实秋旧居雅舍，而与之最接近的则是老舍旧居。老舍旧居位于北碚区天生街道天生新村 63 号，是一栋砖木结构，一楼一底的小楼，建筑面积约 120 平方米，属折中主义建筑风格。这里原是林语堂 1940 年所购住宅，购置后即被日机炸毁一角。修复后林氏赴美，将房屋赠予中华全国文艺界抗敌协会北碚分会。1940 年春，老舍到重庆主持文协工作，于 1943 年夏到此暂住，当年 11 月，老舍夫人胡絜青携子女来到北碚与刚割治完盲肠的老舍团聚。这里住着四户人，楼上有老舍、老向、萧伯青，楼下一大间会议室，是文协分会正式的办公处，一间独屋，住着伤兵作家萧亦五。1945 年 2 月 4 日，老舍小女儿舒立出生。抗战胜利后，老舍应美国国务院的邀请到美国讲学，1946 年 1 月离开北碚，共在此居住了三年半，而胡絜青带着四个孩子，在北碚待到了 1950 年才返回北京。这也是老舍先生在重庆居住时间最久、保存较为完好的一处住处。2010 年，这里更名为“四世同堂纪念馆”，面向社会开放。

老舍先生在北碚安家后，有许多朋友前去看望。夫人胡絜青一次又一次地向老舍讲述了北平沦陷后人民所遭受的苦难和当亡国奴的耻辱。这些真实的细节，为老舍先生酝酿创作《四世同堂》提供了详细的背景材料。1944 年元月，老舍开始写作百万字小说《四世同堂》，他说：“我必须把它完成，成为从事抗战文艺的一个较大的纪念品。”年底完成了三部曲的第一部《惶惑》，1945 年完成第二部《偷生》，

四世同堂纪念馆

老舍
（一八九九—一九六六）

第三部《饥荒》于1948年在美国写完。除此之外，老舍先生还在此创作了长篇小说《火葬》、话剧《桃李春风》《王老虎》《张自忠》、回忆录《八方风雨》，以及散文、杂文、诗歌、曲艺等数百篇200多万字的作品。

作为在重庆的第一处固定住所，老舍先生对这里是满意的。当年为炸弹所致的破损之处都已修复，连院中的炸弹坑，也种上了一棵洋槐树。但老舍当时仅靠写作为生，稿酬低微，“三千字才能换回两斤肉”，加之人口众多，刚刚做完手术的他生活艰困，常常数月不知肉味，于是又犯了贫血的老毛病，时常头昏眼花，于是他将自己的居所命名为“头昏斋”。当时这里地处荒凉，只有两栋住房，蚊子多，青蛙多，老鼠更多，满楼乱窜，甚至不怕人，因此老舍又将其命名为“多鼠斋”。

他在文章《多鼠斋杂谈》中写道：“多鼠斋的老鼠并不见得比别家的更多，不过也不比别处的少就是了。前些天，柳条包内，棉袍之上，毛衣之下，又生了一窝。”他还以幽默的口吻在书中提道，“多鼠斋”内的老鼠成群结队，不仅啃烂家具，偷吃食品，还经常拖走书稿等物，一次家中的棋子被老鼠偷走，日军轰炸时，棋子竟然从房顶上掉了下来。老舍在此写了一组12篇杂文，命名为“多鼠斋杂谈”，先后发表在1944年9月、11月、12月的重庆《新民报晚刊》上。

曾经地处荒僻的“多鼠斋”，而今已经成了北碚老城区的核心，四周密集环立着钢筋水泥的高楼。不大的院落里，种满了芭蕉、竹子、黄葛树等花木，素雅清幽，与周围的喧嚣热闹对比起来，真好像一个精巧的都市盆景。

这处老舍旧居原有匾额“老舍旧居”，为胡絜青题写。1982 年 10 月，老舍夫人胡絜青先生带着女儿舒济、女婿王端来到北碚，重访抗战时期的居所，她认为这是老舍在全国的故居中保护得最好的一处，于是写下了《一九八二年旅北碚诗》：

一别北碚走天涯，三十二年始回家。
旧屋旧雨惊犹在，新城新风笑堪夸。
嘉陵烟云流渔火，缙云松竹沐朝霞。
劫后逢君话伤别，挑灯殷殷细品茶。

如今旧居门口的匾额“四世同堂纪念馆”和木制门联上老舍先生在北碚时所作的诗《北碚辞岁》均为舒乙题写，诗云：

雾里梅花江上烟，小三峡外又新年；
病中逢酒仍需醉，家在卢沟桥北边。

舒乙不仅亲自为纪念馆题写了牌匾，还带来了全套《四世同堂》手稿影印本，和日文、法文等 9 种版本的《四世同堂》小说，捐献给纪念馆永久收藏。对于北碚生活，舒乙曾有回忆文章《第二故乡的梦》，情真意切，追溯了往昔的很多趣事，发表于《红岩》杂志 2004 年第 2 期。

而今的“四世同堂纪念馆”，可能因为最近文艺范日渐流行，那“多鼠斋”的名字反而越来越响亮，常被人提起，不过猫咪纵横，老鼠的踪迹大概没有了，所醒目的只有招牌上那幅憨态可掬的老鼠画像。

雅舍与月亮田

山城有很多颇有趣的地名，譬如于网上变成段子的“人和”，譬如简单直接的“四千米”“五千米”“六千米”之类。更多的则是一些随着剧烈城市化而渐渐“失踪”的地名。如“上清寺”，几乎每个重庆市区的老百姓都能叫出它的名字，却没有任何人找到过。北碚的“月亮田”正是其中一例。

梁文茜先生的《忆雅舍》中写道：“鸡公山下有一条长长的小河，两侧都是整齐的梯田，左右两边梯田层层往下汇合在最低处，成一圆形水田，名曰月亮田，正好面对雅舍，据说这最下一层的月亮田，水土最肥，几乎是四季常青，收成最好，每到收割之时，打春之声不绝于耳，牵着水牛、穿着草鞋的村童往来田陌之间，俨然是一幅天然的图画。”原来如此。这大概便是《雅舍》一文中所谓“前面是阡陌螺旋的稻田”了。

令人既惊且喜的是，多年之后雅舍于“公路北侧山坡上”的地理尚存。依然是“雅舍所在公路往西通歇马场，往东可至北碚市里，每天公路上都有公共汽车和骑马代步的行人往来”。可惜当下虽然公共汽车繁忙依旧，“骑马代步的行人”却不知去何处寻了。而“公路南侧是江苏医学院附属医院（家父曾在此做过两次割盲肠的手术）”，则化而为重庆市九院，里面倒也贴了许多碚城的老照片，可惜未曾在里面见过“梁实秋先生做手术处”的遗迹。

雅舍命名的由来，据梁实秋先生说，“我和他们合资在北碚买了一栋房子，其简陋的情形，在第一篇小品里已有描述。房子在路边山坡上，没有门牌，邮递不便。有一天晚上，景超提议给这栋房子题个名字，以资识别。我想了一下说：‘不妨利用业雅的名字，名之为雅

雅舍　吴祥鸿　摄

舍。’第二天，我们就找木匠做了一个木牌，由我大书‘雅舍’二字于其上。雅舍命名，缘来如此，并非如某些人之所误会，以为是自命风雅。”国难当头、多事之秋，而不将居舍命名为“抗敌舍”“卧薪斋”之类，难免会被别有用心者当做“与抗战无关论”的证据。不过，梁文茜先生亦言，“当时门牌编号为主湾10号，当时我从北平给他写信，信封上的地址都是写重庆北碚主湾10号，即可收到”。从这一点来看，“房子在路边山坡上，没有门牌，邮递不便”的缘由似乎又站不住脚。

为居所命名，本是文人的通病，而愈豁达之人命起名来越是洒脱随意。不过，梁实秋先生所述“不妨利用业雅的名字，名之为雅舍”大概不是无心之举，多半是因为这一个“雅”字与自己心中所思而贴合吧。否则，何不命名为“业庐”或者“实斋”之类？“雅舍”二字一命出来，在梁实秋先生看来恐怕也有些“颇中吾心”的意味吧。否则，何以在1973年出版的续集、1982年出版的三集、1986年出版的四集，虽均未在雅舍著成却依然以《雅舍小品》而冠之？足见其对“雅舍”二字的偏爱。即便雅舍之简陋与雅致、轩朗不沾边，甚或“但若大雨滂沱，我就又惶悚不安了，屋顶湿印到处都有，起初如碗大，俄而扩大如盆，继则滴水乃不绝，终乃屋顶灰泥突然崩裂，如奇葩初绽，砉然一声而泥水下注，此刻满室狼藉，抢救无及”。但正如居者所言：“虽然我已渐渐感觉它是并不能蔽风雨，因为有窗而无玻璃，风来则洞若凉亭，有瓦而空隙不少，雨来则渗如滴漏。纵然不能蔽风雨，

‘雅舍’还是自有它的个性。有个性就可爱。”这大概便是《陋室铭》般的闲适趣味吧。

现而今，雅舍成了“旧居”，虽依然是“极普通的四川平房”，修葺之后那沉泥下注，“并不能蔽风雨”的风貌已无处寻找。梁先生笔下静谧的月夜和绵绵细雨倒也风味依旧。仍如先生所述：“‘雅舍’最宜月夜——地势较高，得月较先。看山头吐月，红盘乍涌，一霎间，清光四射，天空皎洁，四野无声，微闻犬吠，坐客无不悄然！舍前有两株梨树，等到月升中天，清光从树间筛洒而下，地上阴影斑斓，此时尤为幽绝。直到兴阑人散，归房就寝，月光仍然逼进窗来，助我凄凉。细雨濛濛之际，‘雅舍’亦复有趣。推窗展望，俨然米氏章法，若云若雾，一片弥漫。”实可供我们这些后人怀想前人雅趣。

报警台

抗战时期，日本为了彻底“摧毁中国的抗战意志”，达到“迅速结束中国事变”的目的，于 1938 年 2 月至 1944 年 12 月间，对中华民国战时首都重庆及其周边地区进行了长期的无差别轰炸，使重庆人民的生命财产和社会经济遭到空前浩劫。据不完全统计，日机空袭重庆共达 218 次，出动飞机 9513 架次，投弹 21593 枚，炸死市民 11889 人、炸伤 14100 人，炸毁房屋 3 万多幢，30 所大中学校曾被轰炸。

作为重要迁建区的北碚，在 1940 年 5 月 27 日至 1940 年 10 月 10 日期间，遭受日机四次轰炸，北碚民众死伤惨重，多处市街、厂商、房屋被摧毁。

1940 年 6 月，田汉以左翼文艺运动组织领导人的身份来北碚视察，在游览北碚缙云山时，突然响起防空警报，日本飞机掠过缙云山上空，直扑重庆城进行轰炸，目睹此景，田汉挥毫题写七言绝句一首：“太虚浮海自南洋，带得如来着武装。今世更无清净地，九天飞锡护真光。”同行的郭沫若同样激愤难平，于是在北碚汉藏教理院挥笔诗一首：“无边法海本汪洋，贝叶群经灿烂装。警报忽传成底事，顿教白日暗无光。”

虽然大轰炸给重庆带来了悲壮、惨烈的灾难，人们却并没有因此被打倒，反而苦干雄起，在断壁残垣间豪迈地写下“愈炸愈强！”相关纪录片里，虽然可以听到一声声沉痛的“哦豁”，却也可以看到积极重建，努力恢复的人们。他们更编出来一段顺口溜：“任你龟儿子凶，任你龟儿子炸，格老子我就是不怕；任你龟儿子炸，任你龟儿子恶，格老子豁

上命出脱。”日军每一次飞行至重庆心情都很悲观，因为他们看到的不是因轰炸而变成废墟的重庆，而是在废墟中不断重建，乃至越发扩大的重庆，新重庆一次又一次在硝烟之中诞生、强大。敌酋远藤终于哀号，轰炸并没有让战争取得实质性的进展，向日本军部提出了“轰炸无用论”。

与大轰炸相伴随的，是迅速点缀在山城的各个角落的各种预防大轰炸的建筑设施，比如报警台、防空洞、避难所以及明示敌机情况的灯笼等。北碚则及时成立了防护团，建立重伤医院，明确划分各单位的职责，救人、抢物、扑火、隔离，并实施演习演练。

山城重庆的种种防空措施因地制宜，比如在山脚下挖掘防空洞，敌机来袭，无法逃出城区的人则可躲到房子旁边的防空洞里；又比如在城区附近的山顶上修建报警台，通过开阔的视野可以早早发现呼啸而来的敌机，岗哨随即拉响警报，提醒市民赶快避难。北碚街区附近最高的山丘就是龙岗山，是修建报警台最理想的地方，北碚报警台旧址就位于其顶端。

报警台由青砖加混凝土堆砌而成，外形像一座碉楼，长6.1米、宽6.1米、高7米，共3层，占地面积40.2平方米。报警台内部设施简单，除了通往三楼的步梯之外，就是岗哨口和报警使用的一台机器。当年报警台的一侧是北碚城区，另一侧是卢作孚创办的织染厂，远可看到嘉陵江小三峡，或通往天府煤矿的狭窄公路，视野十分开阔。卢作孚为了给北碚市民提供及时的日军空袭信息，修建了这座报警台，并于1939年从德国购买铜质警报器一台，功率为7.5千瓦，所传之声可覆盖方圆 10 千米。

抗战胜利后，龙岗山划归大明纺织厂，而报警台以及警报器也难以再发挥战时的重要作用了，只是为工厂职工报时所用，也算是发挥了余热。2009 年 7 月，报警台被重庆市文物委员会确定为“重庆市抗战遗址文物保护点”。2009 年 12 月，报警台遗址作为重庆市大轰炸遗址群，被重庆市政府列为文物保护单位，同时与大隧道惨案遗址、消防人员殉难纪念碑等其他大轰炸遗址打包成为重庆抗战时期大轰炸遗址群。

岁月荏苒，矗立在龙岗山顶的报警台曾经高之又高，是老城区的制高点，而今却被周围的摩天楼宇淹没。但是看到这栋青砖小楼，似乎依然可以听到那声声凄厉的警报，应该说，这栋如今已不起眼的小楼既是对日本罪行的控诉，更是对中华民族不屈精神的记载。

张自忠烈士陵园

北碚地处川东平行岭谷区，地形由窄条状山脉和丘陵谷地组成。除了赫赫名显的缙云山、沥鼻山、中梁山、龙王洞山四条山脉之外，城区范围内也散布着众多如珍珠一般的丘陵小山。这些小山有的名气大一些，比如北碚公园所在地火焰山；有的则隐藏在周围的繁华楼群之间，声名不显，初听地名时甚至连本地人都要挠挠头，比如北碚作协的办公地址玉合山。如今这些小山大都因地制宜，建设成了或大或小的都市公园，使得碚城人多了一处又一处的休闲好去处。卢作孚当年对北碚的美丽畅想，“皆清洁、皆美丽、皆有秩序、皆可居住、皆可游览”，如今可以说已成了现实。

所谓“青山有幸埋忠骨”，这些小山中有一处的得名最为特殊，声名也最显要，那就是张自忠烈士陵园所在地梅花山。

卢沟桥事变后，张自忠将军曾临危受命，代理冀察政务委员会委员长、北平绥靖主任兼北平市市长，忍辱负重，与日军周旋，因此遭受国人误解。为一雪前耻，之后他一战淝水，再战临沂，三战徐州，四战随枣，英勇抗击日寇，屡立战功。其笔端更屡屡出现“死”“牺牲”等字眼。

1940 年 5 月，枣宜会战爆发，张自忠将军任三十三集团军总司令兼第五战区右翼兵团总指挥。1940 年 5 月 16 日，日军以飞机和大炮配合轰击着鄂北南瓜店这曾经鲜为人知的小地方。到了中午，一颗炮弹突然在指挥所附近爆炸，弹片炸伤了张自忠将军的右肩，紧接着一颗流弹又击穿他的左臂，鲜血染红了军装。他强撑着给第五战区司令部写下最后一份报告，然后告诉副官：“我力战而死，自问对国家对民族可告无愧，你们应当努力杀日寇，不能辜负我的志向。杀敌报国！”张自忠将军身负七伤，壮烈牺牲，1940 年 5 月 28 日国民政府追授他为陆军上将，是第二次世界大战盟军在前线殉国军衔最高的军人。

在确认张自忠将军的身份之后，日军在短暂的欢呼之后，全军脱帽致敬，并把将军的遗体打理好，安葬于一个山坡之上，上书：“支那大将张自忠之墓”。在中国军队的敢死队来抢张自忠遗体时，日军还特意停止空袭，以避免损害将军遗体。

中国军队派人找到张将军遗体后运往重庆，路经宜昌时，十万军民恭送灵柩至江岸，其间日机三次飞临宜昌上空，但祭奠的群众无一退却。日本飞机一弹未投，盘旋而去。1940 年 5 月 28 日，灵柩运至重庆朝天门码头，蒋介石、冯玉祥等政府军政要员臂缀黑纱，肃立码头迎灵，并登轮绕棺致哀。蒋介石在船上“抚棺大恸”，在场者无不动容。蒋介石亲自扶灵执绋，再拾级而上，护送灵柩穿越重庆全城。国民政府发布国葬令，颁发“荣字第一号”荣哀状。将张自忠牌位入祀忠烈祠，并列首位。1940 年 11 月 16 日，张自忠将军忠骸经水路运到北碚，以国葬之礼安葬于雨台山麓，将军灵柩运到北碚后，前来吊唁的人络绎不绝，蒋介石和冯玉祥亲自扶灵下葬。冯玉祥亲笔书写“张上将自忠之墓”的墓碑，并亲自在墓前栽植梅花树。同时又仿明代史可法墓葬扬州梅花岭之意，将雨台山改名“梅花山”。

1940 年 8 月 15 日，延安中央大礼堂举行了张自忠将军追悼大会。毛泽东、朱德、周恩来分别为张自忠将军题写了“尽忠报国”“取义成仁”“为国捐躯”的挽词。《新华日报》在 1943 年 5 月 16 日这天，以第四版整版刊载“纪念张自忠将军殉国三周年纪念”的诗文，周恩来亲自撰写了代论《追念张荩忱上将》。张自忠将军死后，他的结发妻子李敏慧女士得此噩耗，悲痛不已，绝食七日而死，夫妻二人合葬于梅花山麓。

梅花山上的张自忠烈士陵园坐南朝北，地势南高北低，沿斜坡呈长方形状，林木葱郁、景象庄严肃穆。陵园分布有绿化区、瞻仰区、纪念广场、张自忠铜像、抗战文化群雕等。最高处是张自忠墓冢，中间是花坛，花坛下为广场，广场左右分别为“张自忠生平纪念馆”和接待室。墓茔依山而建，坐南朝北，以条石镶边，青石砌拱封顶，形成全封闭的半圆弧形，高 2.64 米，周长 21 米。墓前为冯玉祥所书“张上将自忠之墓”碑，两边出入口中间矮墙嵌有冯玉祥将军书“梅花山”三个隶书大字石刻，每字一米见方。墓地右旁为张自忠弟弟张子明书写的“先兄荩忱上将墓表”，楷书阴刻，共 316 字，读完让人肃然。墓地左、右、后三面，有片石砌成的围墙，高 1.6 米。正前方有石门柱及铁门，进入铁门有四级石梯步，再下有新修的石梯 34 步，两边是植树种花的绿化区。墓地占地 3267 平方米。纪念广场上建有张自忠将

军戎装雕像，高大英武。纪念馆内的主要展览内容包括：张自忠履历、生前参加过的战役、牺牲后国共两党及各界人士祭奠活动以及新中国成立之后将军殉国日各界举办的纪念活动等。抗战纪念广场建有浮雕墙，长 23 米，高 4 米，有 25 个人物形象，主要反映反法西斯战争的场景，背景红砂石寓意长城，抗战将领保卫山河、保卫国家，红砂石形状为“1940516”，为将军牺牲的时间。

1991 年，张自忠墓被国务院命名为国家级革命烈士陵园，是全国第一批重点烈士建筑物保护单位，全国爱国主义教育基地。2019 年 10 月 7 日，张自忠墓入选第八批全国重点文物保护单位名单。

于纪念馆内阅览完将军英武豪迈的生平，再拾级而上，一路祭奠完英魂安眠的墓园，一股肃穆沉静的气氛油然而生，尤其两边落叶飘飘而落，坟茔前常见祭奠者的白花，深邃宁静的墓园之中，更能感受军人之魂，气壮山河！

天生街

有一种说法，北碚是重庆的后花园，西南大学是北碚的后花园。而西南大学这座“后花园”的一系列校门就分布于长长的天生路上，学校的地址是天生路 2 号，天生路 1 号则是曾经的西南农业大学旧址。

2014 年，重庆轨道交通 6 号线开通，北碚迎来了“轻轨时代”，其中西南大学 2 号门附近的站点命名为“天生站”。毗邻大学的天生站是人们出入大学的重要站点，也是最方便的站点，于是成了众多新生与大学初相逢时的首选，更是对北碚、对西南大学的第一印象所在。人们惋惜这一站没有被直接命名为“西南大学站”，但是随着时间推移，却又惊异于“天生”这一名称的优美和诗意充沛，开始习惯并喜爱起“天生”来。2016 年，西南大学迎来了组建 10 周年暨办学 110 周年校庆，见证了不少西大学子青春回忆和美好校园爱情的“天生站”成了热门话题。

西大几乎每个学生都曾在朋友圈发过“你来这里找我吧，那样我们就是天生一对了”的文案。毕业季，西南大学校团

多彩天生路　杨世兰　摄

委“青春西大”拍摄的毕业 MV《天生之约》，每年都会刷屏。校园里，不少学子都有“6 号线天生站”纪念钥匙扣。“天生之约，不见不散”更成了学校招生的绝佳宣传。“天生”二字逐渐加在了越来越多的名称之上。

2019 年，重庆市轨道交通（集团）发布消息，12 月 1 日起，根据市级主管部门要求，结合轨道站点 500 米范围内具有唯一性的历史文化地标建筑的命名原则，6 号线“天生站”更名为“西南大学站”。消息一出，人们反而遗憾连连，激发了怀念之情，依依不舍起“天生”这个曾令外地学生坐错站的唯美诗意名称来。

“天生”，天然生成，命中注定。从何而来呢？源自天生桥。喀斯特地貌丰富的重庆本来就有很多天生石桥，比如著名的世界自然遗产武隆天生三桥。天生路上的这一处天生桥却“有名无实”，车来车往，走来走去，哪里看得到石桥的影子？据《重庆市地名词典》解释，天生桥，在北碚区北碚西南部，泛指天生文化村、麦田村、黄树村、天生路一带。以此地周家岩上有一天然石梁如桥得名。

著名文化学者郑劲松在《天生桥上没有桥》一文中说，早些时候，天生路一侧“红石村”宿舍群下有一片延绵几千米、高约百米的山壁。山壁之上有三个巨大的天然凹陷，远处观望就好似一座雕刻在一块巨石之上的拱桥，因而有了“桥”的说法。石壁另一侧坎下不远处就是嘉陵江的小支流——自中梁山不远百里蜿蜒而来的龙凤溪。从遥遥相对的北碚火车站看过来，结合着坎下流淌的龙凤溪，真有些“人在桥上走，水在桥下流”的浪漫。

北碚宿儒万启福在《天生桥　桥在何方》中说：“天生桥的原始地点在哪儿？我得出的地点是距离石牌坊很近的那道周家岩瀑口石梁。周家岩屹立在龙凤溪边，从石房子延至西师大门（现西南大学 1 号门）那个悬岩口，是个宽泛的概念，月亮田、天生桥的人都这样称呼。从石牌坊到悬岩瀑口那道石梁，实际是周家岩的余脉，地势较低，高的地方在黄树村与红石村之间的石房子一带。那条小溪沟发源于缙云山麓，顺着地势由高向低流向周家岩岩口。石牌坊下原来有一条石板路，这是一条由歇马通向北碚城区的古道，石碑坊是必经之地。石牌坊下那道石梁的端头斜伸向小溪，水少时一步就可以跨到溪沟对岸。久而久之，人们便把这石梁叫作天生桥。这个地方在 1937 年青木关至北碚的碚青公路修通之前，很容易看见。公路一修通，走老路的人少了，天生桥老石梁便渐渐被人们所淡忘。”

天生桥那据说因爱情而建的石房子，清道光年间奉旨而建的吴氏贞节牌坊，惜乎均已不存，而那道形似天生桥的石梁，先后修了打煤球的作坊、街道工厂，后来被改造成一个娱乐场所，于是天生桥上真的没有桥了。

彩虹桥

“桥都”重庆从来不缺少的，就是桥。

彩虹桥是西南大学 5 号门附近的一座过街天桥。西南大学从文星湾附近的 5 号门到双柏路附近的 8 号门这段路大约有三千米长，分为天生路和渝南路两段，路一侧是校园，分布着西南大学从 1 号门到 8 号门的各个校门，另一侧除了试验田、家属区之外，就是商圈了。

天生桥附近的天生丽街，繁华热闹，有永辉超市、各种大大小小的食店以及花样繁多的休闲娱乐场所，是西南大学南校区师生们消遣娱乐的首选。相对应的，北区师生们所常去的，则是彩虹桥附近那一片。彩虹桥地近北碚老城区，同样建有永辉超市和花样繁多的休闲娱乐设施，中山路商业区的重百二店旁边曾建有一个小雕塑，上书“北碚解放碑”几个大字，那个雕塑近些年才消失不见，足可得见其在北碚老城区人们心目中的地位。

彩虹桥虽并不显赫，修建于 2001 年的它更谈不上“历史悠久”，但和天生桥相似，彩虹桥也是沟通象牙塔和繁华十字街头的重要纽带。彩虹桥的一侧是校内理发店、打印店、邮局、超市、文具店等各类小店挨挨挤挤的西师街。沿着西师街口那缓缓的斜坡，举步迈过数级台阶便踏出了校园，登上了彩虹桥。作为过街天桥，彩虹桥并不宽，但这不宽的小桥上常常稀疏地摆着几个小摊，水果摊、小吃摊、卖袜子袖套的杂货摊、“祖传贴膜”摊不一而足，寒冬时节，还有数枝蜡梅倚着栏杆，淡淡暗香熏陶着往返校园市井的人群。缓步而下，走完几步不算太长的台阶便是热闹繁华的“梧桐街”商圈了。桥边高高的崖壁上爬满了青苔和种种绿植，初到重庆的人，尤其是北方人见得此景，每每惊叹。

小小的彩虹桥却很美，桥梁笔直瘦削，桥身上架起了一道粉红色的圆弧，仿佛一道虹彩从桥上升起。每逢节日时，彩虹桥上总挂满了种种横幅装饰，尤其年节那几天，那挂在桥上的灯饰更是一年比一年出彩出奇，使得彩虹桥越发虹彩炫目。弯弯如桥的彩虹历来充满了人们对沟通、连接的寄托，在希腊神话中，彩虹女神伊里斯是沟通天上与人间的使者。人们对彩虹桥的喜爱乃至怀念可能就是源于它沟通校园内外的这一功用吧。

彩虹桥

状元碑

科举制度存在的一千三百年间，巴渝出了两个状元。重庆望龙门解放东路与二府衙相交处曾有一座状元桥，作为上、下半城之间的重要交通节点，也是当年的城市地标之一。并因此衍生出一条“状元桥街”，不过那座桥现在已经被埋在公路下面，不见踪影。下半城还有一座双状元碑，也是重要的地标。清乾隆《巴县志》：“双状元碑，在县学……系嘉靖中郡守昆明黄凤祥为绍兴状元冯时行、开禧状元蒲国宝立。”绍兴、开禧均为南宋年号，双状元碑明代中期在县学树立，并保留到清代。

北碚也有一座状元碑，所纪念的是“巴渝第一位状元”冯时行。轨道交通 6 号线在北碚城区有“状元碑站”，轨道站有“轨道站点 500 米范围内具有唯一性的历史文化地标建筑”的命名原则，对于“状元碑站”来说，名副其实，因为这里真的有一座状元碑。北碚的“状元碑”是明万历年间，观史部政胥从化因被冯时行事迹所感动，专门来到缙云山麓状元故里所立，碑刻上刻有“状元乡”三个大字，直至 1937

年修建公路时被凿毁。时光推移，这里便形成了“状元碑”这一地名，并流传至今。2005 年 10 月，消失了近 70 年的“状元碑”在渝合高速公路北碚入口处附近的康宁路 1 号被重新竖立起来。“状元碑”外形古朴凝重，酷似一座小山峰。高 5.8 米，最宽处达 4 米。正面镌刻“状元乡”三个大字，取自颜真卿书法字体，背面是此碑的一个传记。

冯时行（1100—1163），字当可，号缙云，北宋元符三年（1100）出生于恭州巴县乐碛（今重庆市渝北区洛碛镇），人称缙云子、缙云先生，曾在北碚缙云山求学，晚年又长期在北碚缙云山结庐授课。著有《缙云文集》四十三卷，《易论》二卷。他“不畏强权守清风，万世流芳爱黎民”，被后人尊称为“巴渝第一状元”。

冯时行为官恪尽职守、不徇私情，深受百姓爱戴，但也得罪了不少达官显贵，终至于遭人诬陷，被罢官削职，贬为庶民。冯时行被革职后不久，即于绍兴十四年（1144）初，重返缙云山，过着茅棚竹舍、著诗作文、与笔墨相伴的清苦生活。他在缙云山麓办学堂，把希望寄托于子孙后代。

状元碑是对北碚独特文化气质和精神内涵的一种延续。在地名管理部门的辛勤努力下，状元碑周边还多了冯时行路、状元路、状元碑社区、状元小学等一系列地名，可见人们对冯时行这位状元的喜爱和倾仰。

值得一提的是，状元碑所在附近街区已经越来越热闹。附近的嘉陵风情步行街，穿城而过的公路对面，则是行政中心所在地及开阔的缙云广场。这一带成为北碚新城的繁华地带。

北碚夜景

歇　马

歇马，位于北碚区西南部，距北碚主城区 9 千米，距重庆市区 56.5 千米，地处中梁山和缙云山脉之间，东临龙凤桥街道，南靠沙坪坝区回龙坝镇和凤凰镇，西枕缙云山峦与璧山区八塘镇相连，北与北碚区行政中心接壤。民国时期地属巴县，建制为乡。1950 年，调整到北碚。1956 年，歇马、磨滩、回龙 3 乡合并为歇马乡。1987 年 4 月，成立歇马镇。2018 年，撤销歇马镇，设立歇马街道。

歇马地处中梁山和缙云山脉之间的谷地。翻越缙云山或者中梁山，人困马乏，歇马宽阔平坦，还有梁滩河流过，是人马歇息的绝佳地点。南宋时期歇马为送军邮、民信之驿站，故名“歇马场”。另一种说法是，从空中俯瞰歇马镇，就仿佛一匹奔腾的骏马，而由此得名“歇马”。民间还有一说：明清由重庆入陕，重庆至合川“秦巴古道”，驿站分为十塘。由井口二塘翻越歌乐山进入歇马，再翻越缙云山垭口，可直接到达八塘。重庆九龙坡区有一走马古镇，也是成渝路上的重要驿站，与歇马刚好相对应，大概马儿走到走马古镇休息足够了，就可以继续到歇马休息吧。

歇马植被茂密，环境优美，旅游资源丰厚，境内的磨滩瀑布落差 30 余米，气势磅礴。抗战时期，大量国民政府机关迁居于此。

1943 年，与爱因斯坦同获“现代世界最具革命性贡献的十大伟人”称号的平民教育家、美籍华人晏阳初博士曾在歇马白鹤林创办了“中国乡村建设学院”，遗址及晏阳初纪念馆至今尚存。晏阳初当年到美国为乡建筹集资金，曾经游说美国富翁到梁滩河大磨滩钓鱼。中国农业科学院柑桔研究所于 20 世纪 60 年代在歇马建立，业绩卓著。2005 年，与西南大学合并共建后，更显生机。

或许是因为这一段历史渊源，1964 年，由于“备战、备荒”和三线建设的需要，原上海动力机厂迁至重庆，成立了重庆浦陵机器厂，几百名上海人就此扎根在北碚歇马场大石盘。1965 年，1800 多位江苏无锡动力机厂和河南洛阳拖拉机配件厂的职工，以及近 2000 名随迁家属会聚在了北碚歇马镇，迁建成了新的三线企业——红岩机器厂。川仪厂、光学厂等一批三线建设企业也陆续入驻，这些重要工厂的迁入，使得歇马的经济和社会建设均得到一日千里的发展，更直接影响了改革开放以后歇马的发展进程。

如今的歇马主要以摩托车配件、纺织、建筑为支柱产业。多年来，歇马经济社会发展名列北碚区各镇街前列。2001 年、2002 年，被重庆市政府评为“发展乡镇企业明星乡镇 30 强”。

2019 年，歇马街道全域纳入拓展范围，成为西部（重庆）

歇马街道全景　秦廷富　摄

科学城“一核四片”重要组成部分，歇马隧道全线贯通，轨道交通 7 号线也即将开工建设，作为连接高新区和两江新区两大热点发展板块的纽带，歇马有望成为北碚乃至重庆的新发展高地。

晏阳初纪念馆

北碚的乡建文化之所以蜚声海内，其实不单单是因为卢作孚，而是一大批乡建先驱共同努力的结果。二十世纪二三十年代，中华大地上曾掀起了一场规模大、时间长、波及广的乡村建设运动。这是历史上引人注目的一件大事。当时，海内涌起了数百个乡村建设团体和机构，出现了一大批乡村建设的杰出人士，其中最具代表性的是晏阳初、梁漱溟、卢作孚，他们号称“民国乡建三杰”。虽然他们在乡村建设运动中的设想和做法各有不同，却仍然是互相支持、互为知己的好朋友，而且都和北碚这片乡建热土有着很深的渊源和交集。

晏阳初，四川巴中人，为中华平民教育促进会总干事、美国耶鲁大学博士，主张以推行平民教育、启发民智为主，以带动整个乡村的建设。1926 年，晏阳初本着“解除苦力之力、开发苦力之苦”的精神，率领一批有志之士及其家属来到河北定县（今定州市）农村安家落户。这批人中，不少是留学美国的博士、硕士，或国内大学的校长、教授。他们来

晏阳初纪念馆　吴祥鸿　摄

到农村，进行乡村建设实验，在社会上引起极大反响，被誉为“博士下乡”。

晏阳初认为中国农民普遍存在“愚、贫、弱、私”四大病害。他提出要以学校、社会、家庭三位一体连环教育的三种方式，实施四大教育：以文艺教育攻愚，以生计教育治穷，以卫生教育扶弱，以公民教育克私，以此达到政治、经济、文化、自卫、卫生、礼俗“六大建设”。在他的主持和带动下，“博士”们把定县作为“社会实验室”，认真进行社会调查，扫除文盲，开办平民学校，推广合作组织，创建实验农场，传授农业科技，改良动植物品种，倡办手工业和其他副业，建立医疗卫生保健制度，还开展了农民戏剧演出、诗歌朗诵、民谣演唱等文艺活动，受到农民的普遍欢迎。遗憾的是，日本帝国主义侵华，中断了他们的实验。

二十世纪三四十年代，晏阳初在北碚歇马创办了“中国乡村建设学院”，致力于培养乡村建设人才。1939 年到 1949 年，在长达 10 年的重庆岁月里，晏阳初及同仁从农村经济、教育、卫生和地方自治“四大建设”出发，进行了一系列开创性的实验和探索。此后数十年间，这些经验和做法，被推广至其他国家和地区，产生了深远影响。1943 年，在纪念哥白尼逝世 400 周年大会上，鉴于晏阳初“将繁难的汉字简化易读，用书本知识开启万千不识字人的心智，用科学方法指导农民发展生产”，晏阳初与爱因斯坦、杜威、福特等人一起，被美国百余所大学和科研机构评为“世界最具革命性贡献的十大伟人”之一，而且，他是唯一获此殊荣的亚洲人。中国乡村建设学院办学 11 年，该院 1951 年被接管，改名“川东教育学院”，翌年院系调整，并入后来的西南大学。2012 年 3 月，为承接和发扬百年乡村建设丰富的历史资源与文化影响，强化相关的科学研究、人才培养与国际国内影响，西南大学发文成立了西南大学中国乡村建设学院，接续了这一段历史。

如今的晏阳初纪念馆位于北碚区歇马镇桃园村磨滩（中国农科院柑桔研究所内），占地面积 1900 平方米，房屋为木柱斗榫双夹壁土木结构三合院。为纪念被誉为“世界平民教育之父”的晏阳初，2011 年，北碚区对晏宅进行保护性修缮，辟建为晏阳初纪念馆，2013 年该馆被国务院公布为全国重点文物保护单位。

大磨滩瀑布

瀑布，在山城重庆是并不罕见的。但那些气势磅礴的悬崖飞瀑往往“藏之名山”，要到山谷之中、密林深处去寻觅。其实，重庆主城区也藏有唯一的一处大瀑布——大磨滩瀑布。

大磨滩瀑布位于北碚区歇马街道天马村，距北碚城区十千米左右，气势磅礴，离瀑布很远就能听得到如雷轰响。雨水充盈、流量充沛的日子，一道宽超60米的瀑布从天而降，坠入高近40米的崖下深潭之中，与宽阔水潭之中的岩石相激，更飞起一幕幕如野马奔腾的水雾，即便站立水岸，离瀑布相隔甚远依然能感受到扑面而来的冰凉水汽。悬瀑正中，曾有一人工开凿的洞穴，已用石板封闭，人不能入。右侧有石屋两间，也系人工凿岩而成，各长6米，宽3米，高2.5米，一上一下，两屋相通，下屋内有石窗，可观瀑布。左侧有一石洞，须攀缘至岩壁黄葛树才能进入，是当年百姓躲避匪患之处。瀑下深潭，水深十数米，宽百余米，碧波荡漾，清澈见底，可荡桨其中，令人流连。抗战时期，孙中山之子、国民政府立法院院长孙科在此建有别墅一处。

大磨滩瀑布　吴祥鸿　摄

大磨滩的由来一说是因为上方河中石滩上有一块状如石磨的圆形石头，一说是河岸边有一大水磨，可惜遗迹不存，难以考证。大磨滩瀑布离城不远，历来题咏者众，郭沫若、翦伯赞、于右任等众多名人墨客曾游览于此，并留下大量诗篇，其中以赵筱麟的《高滩喷雪》最让人心动："悬岩镇日雪花弹，十里清溪大磨滩。万古晴空霏玉屑，我来六月亦知寒。"

瀑下数百米，另有小坑岩瀑布一道，瀑高8米，宽40米，瀑上建有石桥一座，水击乱石，浪花飞溅，水雾迷茫，别有一番情趣，两侧翠竹成林，葱葱郁郁，景色绝美。

大磨滩瀑布和小坑岩瀑布都建有电站，这也源于卢作孚。大磨滩瀑布旁有一派建筑，正是高坑岩水电站。高坑岩水电站，是重庆水力发电的滥觞之地，曾被水电专家朱文杰列为中国早期水力发电的典型案例。1932年底，上海英商马尔康洋行的总经理马尔康来北碚参观，顺便去测量了高坑岩的水力。卢作孚又请工程师分别来测量，有张华、守尔慈和吴福林，还有工程师学会入川考察团的黄辉和周镇伦，分三次测量高坑岩的水力。1943年6月，公司正式定名为富源电力发电股份有限公司，专门从事高坑岩水电工程的开发。董事长钱新之，经理谭锦韬。1945年春，富源电力正式运营，为北碚各单位，包括大明厂提供电力。后来，富源公司把电线牵过了嘉陵江，为复旦大学供上了电。1945年8月10日，中美英苏已接受日本请求投降的消息传来，北碚连续两天举行了火炬大游行，彻夜狂欢，富源公司也破例通夜供电，北碚第一次成为不夜城。

2020 年 5 月，作为梁滩河流域生态综合治理项目（一期）的重点工程之一，作为北碚区加快推进“黑臭水体治理提升暨清水绿岸”工程的一部分，占地面积 610 亩的大磨滩湿地公园建成开放，大磨滩瀑布水域、岸线、周边环境进行了整体改造，建成一处城市湿地公园。公园占地 600 多亩，以“观仙瀑，游秘境”为主题，分为高滩飞雪、人文磨滩、平潭悬瀑、云台览胜、跌瀑映桥、沙洲拾趣、花田落英、斜阳疏林、湿地花海、丛林探幽等景点，成为重庆城区又一网红休闲打卡地。

天台寺

对于重庆而言，巴县知县王尔鉴是一个绕不开的名字。王尔鉴，字熊峰，河南卢氏人，清雍正八年（1730）进士。王尔鉴初官山东济宁州知州，乾隆十六年（1751），因故被朝廷降职，降补为巴县知县。迁居重庆的王尔鉴，“断狱兴利政声卓著，才气横溢诗文流芳”，十分重视地方文教事业，使巴县文风蔚然兴起。他精通诗词书法，政事闲暇之余，寄情山水，常以探幽览胜为乐事，其诗句对重庆山水归纳得系统而又全面。他亲自踏勘过巴县境内各处风景名胜，身临其境、细细观察、反复推敲之后，依据原“巴渝八景”重新厘定而成“巴渝十二景”，并撰诗著文渲染，使其扬名于世。

王尔鉴更出名的成就还有于乾隆二十五年（1760）成书的十七卷《巴县志》，是他历经十年辛苦主持编修而成，并亲自作序。历史上，《巴县志》有三部，第一部是王尔鉴修的乾隆《巴县志》，第二部是清同治《巴县志》，20世纪30年代向楚主编有民国《巴县志》。但被后人引用最多的，还是以乾隆《巴县志》为最，又称“王志”。王尔鉴写有一首《宿天台寺》：

平生梦想到天台，曲径幽通净域开。
借问苾萏寻药去，可曾神女踏云来。
帘垂瀑布色如练，屋起松风涛泛雷。
即此栖真远尘市，漫劳鸣珮动人猜。

诗中所写的正是北碚歇马小湾的天台寺。《巴县志》里记载：“石竹山，正里一甲，城西北七十五里，高一里。顶如鹤脑，有苦竹，每月夕风至，如闻环珮。山下有天台寺。”天台寺，位于北碚虎头山，始建于明嘉靖五年（1526），以供奉燃灯古佛、千手千眼观世音菩萨等而闻名遐迩。虎头山海拔约 600 米，四面环山，中间一马平川，有“身坐虎头山、脚踏莲花山”之美名。

悠悠数百年，位于山顶的天台古寺（为区分，民众称为“上天台寺”）几经废建，现已无僧人居住，仅残余部分重建的遗址。寺名来历现已难以考证，或云是天台宗僧人来此兴建，或云因山顶平整如台而得名。2004 年，佛门弟子释普觉在山腰复建天台寺（为区分，民众称为“下天台寺”）。

下天台寺虽沿袭古寺“天台寺”之名，却非原址复建，而是新址重修，背山面水，环境幽静，香烟缭绕，交通便利，沿北碚区歇马街道小湾村方向盘山公路可驱车蜿蜒直抵山门。进寺而来，可见山门高耸、院墙明黄、烛烟袅袅，千手观音宝相庄严，一派佛门圣地景象。自 2004 年开始，天台寺先后建成了天王殿、圆通殿、财神殿等众多建筑，建筑面积达 1.8 万余平方米。

天台古寺遗址曾以供奉燃灯古佛而闻名，往昔有高僧住锡，清人赵筱麟在《天台圣灯》中描述此间极盛时光景：“同与峨眉臻圣域，岩前万盏看明灯。”后遭彻底摧毁，今虽部分重建，却依然荒草离离。遗址一侧不远处，有一方不大的水池，四壁石块垒砌，水面呈黑色，名为“墨池”。

古代读书人多喜欢在寺庙中苦读，可能是喜欢庙宇的清幽僻静吧。缙云寺有宋代状元冯时行，还有他的洗墨池。天台寺的这位读书人据说是明代的进士甘颐，那方墨池就是他当年苦读时洗墨的洗墨池。

三溪口豆腐鱼美食街

“三溪口不远，豆腐鱼很近。”“三溪口豆腐鱼”以口感爽滑细嫩、味道麻辣鲜香而闻名，是与南山泉水鸡、铁山坪花椒鸡和歌乐山辣子鸡齐名的重庆地方特色美食。

三溪口豆腐鱼的出现，与国道212线密不可分，作为重庆主城北上的主干道，这里以前每天过境的客货车众多。“凉风垭鱼庄”是三溪口第一批豆腐鱼庄之一，已有近40年的历史。店主父辈曾在三溪口公路边摆摊卖小面，生意逐渐红火。后来，过往的司机多了，要求吃点重口味的江湖菜，于是，餐馆便开始做麻辣鱼。吃完一份麻辣鱼要剩下许多调料，司机们觉得可惜，就要求老板在调料里煮份豆腐。豆腐是三溪口的特色美食。当地有座小山丘，山上有股山泉水，村民们用山泉水做手工豆腐，滋味浓郁，渐渐地，三溪口的豆腐便出了名。没想到，鲜嫩的豆腐加入滑嫩的鱼肉中，口感爽滑上口、调料麻辣鲜香，又好吃又扛饿。于是，要求在麻辣鱼里加豆腐的司机逐渐多起来。后来，店主们便主动将豆腐和麻辣鱼煮在一起上桌，这就成了后来的三溪口豆腐鱼。

通过客货司机们的口口相传，三溪口豆腐鱼的名声逐渐传扬开来，最鼎盛时的 20 世纪 90 年代，国道 212 线三溪口段短短两千米的道路两边，开了 30 多家豆腐鱼庄，最红火时家家的餐桌都摆到了公路上，三溪口豆腐鱼名噪一时。

但这样的盛况却随着渝武高速公路的通车而终结。2002 年，渝武高速公路北碚段正式通车，过境国道 212 线的车辆从此锐减，三溪口的豆腐鱼生意一落千丈，沿途豆腐鱼庄纷纷关张。随着时代发展，除了对菜肴本身的要求外，食客对餐厅环境、心理体验和服务体验的要求越来越高。而三溪口豆腐鱼庄大多由村民住宅改建而成，门面老旧、环境脏乱，有不少人通过美食网站平台点评三溪口豆腐鱼："除了好吃，其他一无是处！"

近年来，由北碚区商务委负责行业统筹，全面启动三溪口豆腐鱼的升级行动，即以渝武高速公路三溪口下道口为起点，以 S542 省道（即原国道 212 线）为串联，打造全长两千米的三溪口豆腐鱼特色美食街，通过重点示范打造，使其逐步形成辐射重庆主城北部片区的特色美食街区。

此外，在美食街沿线，还进行了重要节点打造，让前来品尝美味的市民能够有吃有玩。新建三溪口豆腐鱼美食广场，增加停车位、休闲设施，让游客来了既能吃好也能耍好。三溪口豆腐鱼美食街已成真正的北碚地标美食街区、辐射重庆主城北部片区的特色美食街区。

举人楼

举人楼，又名“陈家大院”。位于重庆市北碚区蔡家街道，大院是清朝末期举人陈介白白筹集资金兴办实业而修建的办公楼。

陈介白出生于1852年，光绪十五年（1889）恩科中举，曾在贵州桐梓任官。辛亥革命后，他罢官返乡，和两个儿子在蔡家乡开办学校传道授业。陈介白回到北碚后，便和两个儿子在蔡家乡办起了学校，开始教书。陈介白这个人乐善好施，同情百姓，经常与路过的乞丐聊天，还经常把一些米施舍给乞丐。1911年，袁世凯企图称帝，让各县推举一人前往省城“共商国是，密授机宜”，以威力迫使支持其君主制，县人都推他前去，陈介白说：“吾虽老无壮，不能为新莽陈颂功德。”坚拒不肯行。此后，陈介白一直在家乡的陈家祠堂设馆教学，长达20余年。

陈庚虞曾为巴县团练局局长，1933年他专门请了外国设计师亲自到北碚设计和修建了举人楼，此楼于1936年竣工。然而仅仅一年之后，年高84岁的陈介白病逝。

举人楼　陈远鸿　摄

举人楼占地约十亩，建筑面积960平方米，为20世纪30年代折中主义建筑形式。480平方米的歇山式屋顶穿斗式砖木结构连排楼阁，八字朝门构筑精美，柱头上雕刻着各式各样的花纹。大院形成别具风格的近代园林艺术建筑，同时具有中式和西式的建筑风格，两楼一底共有20间房，每间房里都设有一个高一米、宽一米的壁炉，天花板上也刻有个各式各样的白色花纹，保存较完好。院内有一个四合院和一栋两楼一底的楼房，周边桂花、黄桷兰、古榕、银杏等众多古树名木绿树成荫。

举人楼建设之初风光无限，20世纪50年代后，被捐献给国家，成为公房，做过学校，也做过医院，还成为单位的库房和停车场，由于有人利用，保存完好，但是地处农村，在很长一段时间，没有人识得其中价值，默默无闻。直到2020年前后，蔡家开发，举人楼也成了灯塔公园的一部分。灯塔公园总体上呈现南北走向的长方形格局，举人楼处在公园最深处。每逢周末，举人楼人头攒动，大量的游客蜂拥而来，挤满大楼的边边角角，或坐在草坪上晒太阳，或在银杏树下、红色大门前照相打卡，总之忙得不亦乐乎，好不热闹。

巴渝农耕文化陈列馆

巴渝农耕文化陈列馆地处重庆市北碚区蔡家街道天印村，由退休老教师刘映升自建的一家巴渝农耕特色文化的民间博物馆，占地约十亩。二十世纪四五十年代的北碚蔡家场是重要的粮食生产基地，号称“重庆粮仓”，农户周边是成片成片的水稻田，有着丰富的稻草资源。刘映升是位土生土长的北碚蔡家人，1997 年从重庆市第 24 中学病退。退休后，刘映升发现许多民间农耕文化技艺相继作古，于是产生创办巴渝农耕文化陈列馆的想法，为的是把这些曾经的记忆留住，以后指着这些实物告诉孩子们，这些东西曾经是用来做什么的，那是一段怎样的历史。

创办巴渝农耕文化陈列馆的过程是艰辛的，刘映升拿出自己的所有积蓄，甚至把女儿城里的房产都抵押了，以收集农具文物。如今，刘映升老人已去世，儿子刘刚继承父亲遗志，坚持把陈列馆办下去，而且越办越好，得到了著名“三农”问题专家温铁军和西南大学等多所高校大批专家和社会人士的支持。

巴渝农耕文化陈列馆如今已具备了一定规模，共分为室内和室外两部分。室外更像一个农家花园，在枇杷树、广柑树下的草坪上，摆满了大大小小不怕风吹雨淋的石磨、石碾等石制农具。室内展区则分为三部分：农业生活馆、农业生产馆（工匠作坊）、竹器（民俗）展厅，展出农耕器具共有1000多件，大到织布机、水车、石磨，小到水烟斗、剃发刀，涵盖了各个年代农民使用过的生产、生活工具，仿佛把人们带回到渐行渐远的农耕时代。

巴渝农耕文化陈列馆“把没有生命的文物变成有生命的历史”，刘映升老人用原创乡土诗歌（打油诗）做成标牌，诠释文物，每件展品均配一首打油诗，通通七言四句，共1000余首，对展品进行解说。这也是巴渝农耕文化陈列馆的首创。

现在，巴渝农耕文化陈列馆已渐渐建设成为微型巴渝农耕文化生态博览园，吸引着各阶层的人士前来参观游览，也吸引了众多大中小学生来此体验农耕文明。此馆，也成为西南大学等多个高校的专业实习实践基地。

第四篇章

江东盛景

悠悠嘉陵，把南齐东阳遗落在温塘峡口，国难之时安顿复旦师生，延续文脉；巍巍华蓥山，将宋代禅院塔坪寺留存静观，依旧胜景。嘉陵东岸，张飞古道遥接一段北川铁路的煤业兴衰，静观蜡梅美丽了素心乡村，金刀峡渲染了精美偏岩。土沱老街，巷子深处酿酒香麻饼甜，更不忘一段县治兴盛航运通达。今日江东盛景，依然山水人文，演绎传奇。

古郡东阳

与北碚老城隔江相望的东阳镇，老旧的街巷，二十世纪六七十年代的建筑，有些甚至更早，仿佛时间就在蔓生苔痕的陋巷里凝固了，呈现出一股颓败的气息。而事实上，东阳的历史远远早于北碚，它是一个隐迹于巴渝历史长河中的神秘古郡。

《舆地纪胜》记："在巴县西一百里。《旧经》云，'齐建武元年，割巴县置东阳郡。'"康熙年间，寂崇和尚住锡禅岩，作有《禅岩八景》词八首，其中《浪淘沙·东阳晚渡》云：

日落半山红，水阔溶溶。平沙偶聚闹西东。野渡横舟争棹急，何日从容。

霞彩乱山中，归雁横空。徘徊携手怨长风。离绪一腔不归去，方泣途穷。

清道光年间，东阳被嘉陵江洪水冲毁，遗迹大多烟消云散，东阳也成了一个神秘的古郡。清末挖出了明代的纱帽铜耳、民国初年发现了大量汉砖和万历年《乔督军禁碑》等，为这个早已消失的古郡增添了不少扑朔迷离的意味。

每一条老旧的街巷的背后，都承载着许多鲜为人知的故事。事实上，在东阳这片不大的土地上，积淀着厚重的历史。抗战期间，复旦大学的师生和很多进步人士都在此秘密居住和集会过。

 东阳铁路环线　谭红刚　摄

复旦大学抗战内迁北碚旧址

抗战时期，大批高校内迁西南，演绎了一曲保留民族精神血脉的动人弦歌，也为西南地区留下了一处处历史文化景观。北碚老城一江之隔的东阳夏坝就有一个“国立复旦大学旧址”。

1937 年，日军进攻上海，复旦大学多处校舍被炸，时任校长吴南轩带领学生迁往江西庐山。12 月，南京失守，江西吃紧，复旦师生继续内迁。同月底，复旦师生近 400 人乘永利号轮船抵达重庆。复旦师生先期暂借菜园坝的重庆复旦中学复课。第二年，复旦大学便在北碚区嘉陵江北岸的东阳镇落脚，借龙王庙作课堂，煤栈空房为学生宿舍，教职员则散居东阳镇、黄桷镇复课，后来更选定东阳镇夏坝为校址，在这里破土兴业，营建了一个清新整洁的校园。

当时的夏坝，沿江铺有通衢大道，夹道梧桐成荫。独立牌坊式校门之内，以登辉堂（登辉堂是为纪念复旦大学校长、复旦奠基人李登辉而命名）为基准，相伯图书馆、寒冰馆、新闻馆、青年馆等一字排开，皆坐东朝西，面向嘉陵江。从

1938 年 2 月到 1946 年 5 月，复旦大学在夏坝开启了长达 8 年多的学习时光。

夏坝时期的复旦校园，有张志让、陈望道、周谷城、孙寒冰、曹禺等著名教授，叶圣陶、胡风、老舍、梁宗岱、吴觉农等一大批知名学者也应邀先后到复旦任教。据统计，在这 8 年多的时间里，复旦大学共设有文、理、法、商、农五个学院 27 个系科，培养了 3000 多名优秀学生，在刻苦治学的同时，复旦师生积极投身抗日救亡运动，维护民族大义，充分彰显了家国天下、教育救国的使命感。

复旦刚迁到北碚时，校内暂时没有中共党员，但不到半年就建立起地下党支部。根据周恩来同志的指示，复旦党组织以读书会形式建立“据点”，把广大进步骨干和积极分子组织起来，成立了文摘社、新民主主义青年社等进步团体，创办了《中国学生导报》《文摘》《夏坝风》等刊物和壁报，进行抗日救亡宣传，使复旦成为大后方坚强的文化堡垒。夏坝的复旦也因此成为大后方的“红色堡垒”，被中共中央南方局誉为“学校工作的典型和模范”。

抗战胜利之后，1946 年 5 月复旦大学迁回上海，校友在卢作孚先生支持下，于夏坝旧址创办了相辉文法学院，以纪念复旦创始人马相伯、李登辉先生。相辉文法学院 1946 年夏季招生，设文史、外文、经济、会银、法律、农艺六系及会计统计、农业二专修科，首任董事长为于右任、继任邵力子。1951 年开始的院系调整中，相辉建制并入四川财经学院，其他系科分别调整到重庆大学、西南农学院和西南政法学院。

中国工程院院士、杂交水稻之父袁隆平，于1949年8月至1950年7月在夏坝相辉文法学院农艺系读书，院系调整后到新建立的西南农学院农学系续读三年至毕业。

复旦大学旧址保存有“登辉堂”和“寒冰墓”。2005年，在复旦百年校庆之际，复旦大学与北碚区对国立复旦大学重庆旧址进行了保护维修。2010年复旦105周年校庆之际，登辉堂挂牌“抗战时期复旦大学校史纪念馆”并对外开放。2012年，登辉堂再次进行保护修缮，展陈提档升级，成为复旦大学爱国荣校教育基地和北碚区爱国主义教育基地。

1940年5月27日下午2时许，日军对北碚进行了规模空前的大轰炸，复旦大学教授孙寒冰的住所、《文摘》编辑部几乎被夷为平地，孙寒冰教授不幸遇难，年仅39岁。复旦大学师生为孙寒冰举办了隆重的追悼会，社会各界名流及政府官员纷纷前往吊唁，场景极尽哀荣。

1940年5月28日，国民党中央社发布讯息：“复旦大学教务长孙寒冰及职员汪兴楷，学生陈思枢、王茂泉、王文炳、朱锡华、刘晚成等，廿七日中午被炸惨死。孙氏，江苏南汇人，年三十九岁，美国哈佛大学硕士、华盛顿大学学士。归国后，历任复旦大学法学院院长、教育长，暨南大学商学院院长、中山大学教授等职，驰名出版界之《文摘》半月刊，系孙氏一手创办，数年来风行海内。孙氏遗妻及子女四人。其遗骸廿八日大殓，于院长、孔副院长、邵大使，皆派员前往致祭慰唁。”

孙寒冰系上海南汇县人（上海直辖之前，为江苏南汇县人），曾就读于上海中国公学，后转入复旦大学，毕业后前往美国华盛顿大学和哈佛大学攻读政治学和经济学，1927 年回国后，在多所大学担任教职。

孙寒冰认为当时国内报纸杂志众多，而复旦大学的师生没有足够的时间和精力逐一阅读，如果能够把各种报纸杂志的精彩内容摘编出来辑成一册杂志，则可为广大读者提供方便。于是，在孙寒冰建议下，《文摘》于 1937 年底在复旦大学出版。《文摘》的编辑方针是“暴露敌人阴谋”，宣传

复旦大学旧址 吴祥鸿 摄

“中国必胜，日本必败”的观点，为鼓舞中国人民的抗战做出了积极贡献。

1938年底，孙寒冰经由昆明抵达夏坝，担任复旦大学教务长，并兼任法学院院长。1939年初，他恢复出版《文摘》旬刊，编辑部就设在其寓所黄桷镇王家花园内，在临江门闹市口设立了发行部，汪祯宝负责主持刊务。

孙寒冰教授罹难后，人们将他安葬在夏坝附近的琼玉山前锋村。1987年，北碚区政府将孙寒冰墓迁至登辉堂后侧，让他与日夜牵挂的复旦大学永远相伴。如今，墓地保存完好，墓园有门栏四周花砖墙，墓前嵌有大理石碑，碑刻“孙寒冰教授之墓”为著名历史学家周谷城题写。

白庙子

白庙子老街是重庆保存最完整的工矿老街区，街区有三条宽达三米的数百步长的青石阶，从观音峡嘉陵江岸直攀山巅，其规模与气象，堪与南岸黄葛古道媲美。

白庙子是天府煤矿运煤的港口，与北川铁路相通，抗战时它运送的煤，支撑了重庆军工用煤的半壁河山，有特殊的历史意义。

传说光绪二十六年（1900），从南方来了位风水先生，他看出白庙子村所在的土岗非同一般，是一条土龙，将来必将在此生出与当今皇上争夺天下之人，势必要生灵涂炭。要想避此一劫，必须在“龙头”上修一座庙，让庙压着龙脉，使它永难出头。于是由地方财主出头，向其他村的财主拉赞助，并向当地百姓集资，有钱出钱，无钱出力，修了一座“龙王庙”。此庙占地 1.5 亩，坐北朝南，有前后两座殿堂。庙体结构为小瓦、白灰泥盖顶，四个墙垛青砖到顶，四个边檐上各有三只“朝天猴”，其余墙体皆抹白灰，看上去突显白色，人称“白庙子”。

 夕照白庙子　王飞　摄

道明寺

歌手王源用重庆话演唱汇集重庆地名的RAP《吆不到台》："重庆你们晓得有很多山，重庆你们晓得有很多寺，重庆你们晓得有很多坝，不信我来给你们摆一哈。歌乐山，缙云山，凤鸣山，云篆山，没人逼你上凉山。华岩寺，罗汉寺，金竹寺，相国寺，但是没得道明寺……"

许多北碚网友马上"炸锅"："哪个说没得道明寺？我们北碚就有道明寺！"

是的，北碚有座道明寺，有七百多年历史，藏于大山之中，鲜为人知。其实，只要天气晴朗，站在北碚公园高处，面对嘉陵江，在对岸重峦叠嶂中隐约可见一座碧瓦红柱飞檐尖顶的建筑，对了，那就是道明寺。

道明寺，位于北碚东阳街道磨心坡村、观音峡国家森林公园内张飞岭上一个叫作佛掌窝的地方，和天府隔着一座山，和缙云山遥相呼应，慈悲地隔江俯瞰北碚老城。道明寺始建于明洪武二年（1369），距今已有六百五十多年历史，应该算得上是重庆地区的古老佛教宝刹之一。只不过和很多古老的寺庙一样，道明寺在这几百年中也经历了多次毁坏与重建。能证明它存在历史的证据仅剩一块漫漶的碑刻与一个柱础，其余的都消失在岁月尘埃中。而今呈现在世人眼前的，是刚刚修缮完毕的道明寺。在北碚老城区能远望见巍峨轮廓的是新庙，三座大殿宏伟庄严，彩绘艳丽，顺着山坡一字排开。而老庙还在一排夯土墙的瓦房里。从供奉的佛像看，正殿是弥勒佛，应为弥勒道场。如果再细心一点观察，会发现道明寺和很多现在可见到的寺庙一样，都有明显的“三教合一”特征。

潜庐与“小延安”

抗战时期，大后方有“文化四坝”之说，即沙坪坝、北碚的夏坝、江津的白沙坝及成都的华西坝，皆是名流会聚，文教鼎盛一时。

“夏坝”原名“下坝”。复旦迁至重庆后，中华人民共和国成立后曾任复旦第一任校长的陈望道先生以“华夏”的“夏”重新命名，寓意是“华夏之坝”“青春之坝”。夏坝当时又号称“小延安”，也同样与陈望道先生有关。

陈望道，原名参一，又名融，字任重，浙江义乌人，出生于清光绪十六年（1890）。现代著名学者、教育家、思想家和社会活动家，我国马克思主义的早期传播者、中国共产党的创始人之一。1920年初夏，他在中国共产党诞生前翻译了《共产党宣言》，是国内翻译《共产党宣言》的第一人。他在上海同陈独秀等人组织共产主义小组，接着又共同发起组织共产党，是中国共产党上海发起组的成员。1921年，党的“一大”召开后，中国共产党上海地方委员会建立，他当选为第一任书记。1940年秋，陈望道为避开汪伪特务的迫害辗转来到迁居夏坝的复旦大学，出任复旦大学教务长、文学院院长和新闻系主任。当年九月，周恩来在北温泉公园数帆楼专门接见了陈望道教授，久别重逢，两人亲切交谈至深夜。

陈望道在北碚的寓所就是东阳夏坝甘家院的潜庐。现今的潜庐是一座三层的砖混结构楼房，住着三户人家，门楣之上嵌着“潜庐”二字。当年这里原本是一座穿斗式木结构平房，青瓦夹壁墙。1982 年，嘉陵江暴发特大洪灾，房子被淹，成了危房，于是改建成如今的模样，但其四合院的原始格局，以及大门门面和门楣上的“潜庐”二字均是原貌。潜庐的主人本是当地的开明绅士刘少隆，为支援抗战，他将这幢房子捐献给了复旦大学，再后来就成了陈望道先生的居所，他在此度过了六年时光。

当年的潜庐共六间房间，陈望道只留下一间作他同夫人蔡葵的住房，右边三间是中共复旦大学支部开展地下活动的据点，左边两间是中共中央南方局青年组直接领导的在隐蔽时期指导大后方学生运动的刊物——《中国学生导报》的编辑部所在地。

今天，国内的高校新闻系有“北有人大，南有复旦”之说，其中陈望道功不可没。1944 年春，陈望道在新闻系中建起了中国第一个新闻馆——复旦新闻馆。新闻馆设在夏坝滨江的林荫道旁，馆内有十多间木柱泥壁平房，由陈望道亲自在社会上募集经费建成，新闻馆内有一台当时在重庆极为少见的美国 RCA 牌短波大型电子管收音机，每天到了晚上就收录延安的广播和新华社的重要消息，提供给学校的进步壁报与刊物，不好公开刊用的，就相互口头传诵，延安的消息只要一发出，很快就会在复旦校园内传开来。久而久之，进步同学都感觉自己就像生活在延安一样，“新闻馆”因此成为当时全校进步师生争取民主自由的重要活动场所和联系解放区的重要窗口，这里也被复旦师生誉为“夏坝的延安”。

东阳镇是一个古老的城镇，因“日出江东”而名。南齐时为东阳郡，唐置东阳城，清代被洪水冲毁，名曰镇，实无此建制。当年这里没有电灯、没有电话、没有公路，只有十来间小商店和一些七零八落的民房。吃的是掺有稗子、沙子、鼠屎的“八宝饭”，居住环境十分简陋，当年陈望道先生从上海滩“十里洋场”来到此处，义乌人好清淡更不习惯川渝的麻辣，不免有“莼鲈之思”。郭沫若先生造访时曾为其题

潜庐

画，吟七律一首：

殊亲巴俗不相违，谁道吴侬但忆归。
自有文翁兴石室，频传扬马秉杼机。
温泉峡底弦歌乐，黄桷树头星月辉。
渝酒无输於越酿，杜鹃休向此间飞。

碚城曾有“三千名流”，名人旧居自然也不少，然而像潜庐这样依然保有居民，充满烟火气息的却实在不多，足可让人怀想那充满激情的火热岁月。走出潜庐，面前的嘉陵江水如石黛、碧玉，波光粼粼的江面缓缓流淌，正应了“一道残阳铺水中，半江瑟瑟半江红”的诗句。上游的草街电站修成之后，嘉陵江水势平缓，东阳应再无水患之忧，潜庐、复旦大学旧址等重要抗战遗迹庶几无忧矣。

重庆市蚕科院

重庆市蚕业科学技术研究院（挂牌“重庆市蚕桑技术推广站”，简称“重庆市蚕科院”），位于重庆市北碚东阳街道上坝路1号，地处嘉陵江畔，与著名风景名胜缙云山、北温泉隔江相望，是重庆市唯一从事蚕桑种质资源保护、实用技术研究、科学普及培训、技术推广服务和良种试验繁育的科研机构，直接服务于蚕桑特色效益产业、服务于农村大面积蚕桑生产、服务于“三农”建设，为农业生产提供科研、技术、良种等公益性服务。

研究院现保存有丰富的桑、蚕种质资源，是重庆市桑、蚕种质资源保护单位；开展蚕业新技术、新品种引进、试验、研发，承担多项国家级、市级科研项目，是重庆市蚕业科学技术研究单位；为蚕农和中小学生提供蚕业技术和科学普及培训，是重庆市科普教育基地；为农村大面积蚕桑生产提供技术推广服务，为广大蚕农送技术、送服务、送政策、送温暖，是重庆市蚕桑技术推广服务单位；开展蚕桑良种繁育、试验、研究，是重庆市最大的家蚕良种繁育单位，现为农业部蚕桑产业产品质量检测中心定点单位，商务部“东桑西移”工程配套单位，西南大学农科教合作人才培养基地。

重庆市蚕科院的“桑椹牌”“桑叶牌”蚕种在业内和广大蚕农中享有良好声誉，推广服务范围遍及重庆市栽桑养蚕的20余个区县及云、贵、川、陕、苏、浙、桂等省区以及印度、俄罗斯、东南亚等国家和地区。

每年桑葚成熟时节，中小学生在老师或家长带领下，来到蚕科院的基地采摘桑葚，开展蚕桑科普活动，成为嘉陵江边一道独特的景致。

绿色江岸 秦廷富 摄

明心桥

东阳街道明家溪溪口有一座明心桥，桥长 76 米，宽 7.7 米，清光绪年间修建，已被遗弃百年而不朽。据记载，北碚区现存古桥三座，分别是清咸丰年间修筑的登瀛桥、清同治年间修建的龙凤桥，清光绪年间修建的明心桥。

说起修建明心桥，当地还有一个传说：当年由于有明家溪阻隔，两边居民往来甚为不便，乡亲们多次准备在溪上修桥，但受到曾得慈禧太后宠信后还乡东阳的明耀先阻挠，明耀先祖上住在明家溪的上游明家沟，他认为如果修桥，正印了风水先生的预言："桥似弯弓溪为箭，射死明家千千万。"于是坚决阻止。明心桥 1878 年就筹划修建，两座桥墩刚刚奠基便被搁置，20 多年无人问津。草药医生汤志长，人称"汤草药"，见义勇为，忍着剧痛，用铁锥凿穿自己的肩窝骨，锁上铁链，进行"锁骨募捐"，并发誓桥不成，链不去。其大义之举感动了两位富绅，明心桥遂得捐资续建，仅用一年时间即于光绪三十年（1904）建成。遗憾的是，"汤草药"于踩桥庆贺前夕，不辞而别，远走他乡。人们为了纪念他，将此桥取名“明心桥”，刻字于桥拱上端，以颂“汤草药”锁骨建桥之苦心。

目前明心桥桥面禁止通行，杂草丛生，周围百姓为之惋惜，将其作为菜地耕种。

文星阁

北温泉街道郭家沱社区，有一座营造于清代的马鞍溪文星桥，为单孔石拱桥，长 40 米、宽 5 米、拱高 5.5 米，占地面积 200 平方米。拱顶上方有魏碑阴刻“文星桥”三字。文星湾的对岸，与其隔嘉陵江相望，北碚东阳朱家沱的嘉陵江江边上还有一座——“文星阁”。

“文星阁”又名“字藏塔”，系清康熙七年（1668）由当地乡绅文人出资修建，后因其地处东阳街道而得名“东阳文星阁”。

文星阁为六角形 7 层密檐宝珠仿楼阁式实心石塔，占地约 10 平方米，其形制古朴、精雕细琢，塔高 8 米，塔顶有 3 个石球堆叠，以叠涩檐分作 7 层，每层约高 1.15 米，各层的六边壁面均镌刻文字或为背脊、瓦垄、勾头、椽头、连檐等形状。外廊呈檐、扳鳌悬空式造型。第 1 层 6 棱是笑狮望月，第 2 层 6 棱是猛虎下山，第 5 层临江的歇檐上有一块石匾，上面刻有“文星阁”大字。最底层一孔则是供人们焚烧字纸的地方，横额上刻有“惜字藏”三个笔力雄健的大字，是川渝地区典型的惜字塔。

惜字塔，是专用于烧毁有字纸张的地方，亦称为惜字楼、焚字库、焚字楼。川渝地区称字库、文风塔、文峰塔，客家地区称为敬字亭，台湾地区称为圣迹亭。据说，惜字塔始建于宋代，到清代时随着当时魁星崇拜风起的热潮遍及神州。惜字塔常建于场镇街口、书院寺庙之内，以及道路桥梁旁边，一些乡绅富户的高宅大院里也建有此塔。有些惜字塔的塔龛中还供奉仓颉、文昌、孔圣等神位，并配以相应的楹联与吉祥纹饰，当地读书人应考之时，每每至此焚香祷告，以求魁星（文星）护佑，使自己一举夺魁。

以三百年来的岁月沧桑来度量，东阳文星阁的保存可谓良好，塔身字迹俨然，塔旁的高大古树与古塔相依相存，树根缠绕，几乎已成一体，难解难分，各地常有“夫妻树”，不知此“塔树合体”的奇观又该如何称呼？

2014年，北碚区在塔下立有一块区级文物保护单位的石碑，正式命名该古塔为“东阳文星阁”。

悠悠千载，文字的载体已经从

甲骨、石刻、青铜、竹简、纸张过渡至电子空间，人们面对字纸的观念也从“片纸珍惜”逐渐转化，目下连阅读都成了危机。惜字纸、惜字纸，其背后还是人们对文化的尊重与爱护吧，这样看来，文星阁及其背后“爱惜字纸，敬畏文化”的人文内涵，时至今日也应有其旺盛的生命力。

文星阁　马冀渝　摄

张飞古道

巴蜀本是蜀汉故地，自然有很多“三国”旧迹遗存，碚城山水之中便有一条“飞将军”北上阆中时所开的“张飞古道”。《重庆市北碚区志》（1989）有记：“在嘉陵江三峡中，传说三国时张飞北上阆中，在峡东岸凿一便道，穿峡而

张飞古道　秦廷富　摄

过，后人称为张飞道。此道从观音峡上东阳镇，经禅岩、西山坪绕过温塘峡，由草街子、麻柳坪进入牛鼻峡到合川。以后成为渝合必经大道。《江北厅志》记载，‘观音峡在厅西北九十里，两岸石壁万仞，沿江怪石嶙峋，水涨过石，舟不敢行。蜀汉时凿有匾路，险若栈道，大水则登岸由匾路出峡，贷栈俱不得行。皇清道光十六年（1836），合川陈大犹等捐金数万，沿岸开凿三峡大道’。”

现今，古道仍存，只是随着数条新通衢的贯通已不复往昔“三峡大道”的雄姿，数年来荒草漫浸，古树占道，不仅“车不方轨，马不并辔”，其险要处已然“才可通人”，几可“以一丸泥封之”，渐复“古张飞道”“险若栈道”的风貌。

行走于“张飞古道”，举目则古树参天，可猜想何树为“飞将军”所手植，侧目便为“小三峡”之中的温塘峡，民间又称“二岩峡”。因江左悬岩被一小溪于中截破，形成两岩对峙，宽不过数丈，高达数千尺，奇特壮观，俗称“二岩”。温塘峡从马家沱到大沱口，全长 2.7 千米。两岸山势高峻，奇峰突起，高达 800 多米。左岸西山、禅岩，岩壁挺立，犹如刀砍斧削，屹立长空；右岸缙云山，林木葱蔚，高耸入云。古道之中“古桥横陈，飞瀑流泉，苍松倒挂，怪石悬空”。路旁古寺摩崖，石刻壁立。对岸可望见游人穿行的金刚碑古镇，遥望隐于山中蒙哥大汗曾养伤于斯的北温泉。行至终点，则还有一三面环江，仿佛无边界泳池的“野温泉”，可以沐浴，可以泡足，舒一路之疲累，咏“沧浪之水清兮，可以濯吾缨；沧浪之水浊兮，可以濯吾足”之句，不亦乐乎！

天子寺与天子寨

建文四年（1402），燕王朱棣攻入南京，皇城燃起了大火，当时场面混乱不堪，便有传言说建文帝并没有丧身火海，而是借着爷爷朱元璋的预先安排，改换成僧人面貌逃了出来。更有传说他一路逃到了西南边陲，于是云南、贵州、四川、重庆都曾有建文帝出现的传闻。

仅在重庆，和建文帝行踪传闻相关的遗迹有史可考、有文可查、有据可循的就有三十来处，有关的地名更是上百，几乎遍布重庆全境。乃至形成一个“建文帝传说带”，沙坪坝磁器口龙隐寺、渝北御临河、江津会龙庄、荣昌万灵古镇、巴南建文峰、江北、长寿、南岸、北碚、璧山等地，在旅游业日益兴旺发达，“讲故事”之风日盛的今天，似乎重庆哪个地方没有建文帝来过反而很奇怪，好像这位逃亡皇帝，一路从容不迫，慢慢游遍了巴山渝水。

北碚东阳的西山坪有一个古老的寺庙叫天子寺，一个古寨叫天子寨，传说都和建文帝有关。

天子寨位于西山坪村境内的一个小山顶上，建于清咸丰年间，因天子寺在其寨墙垣中故名“天子寨”。寨子由居住在那里的谭家、周家、李家为防御外来侵犯联合主持修建。由于此处四周平坦，无悬崖绝壁，所以整个寨子四周全部建有由条石砌筑的寨墙，高 8 米左右。有前后两道寨门，寨内无田，有土地 30 余亩。而今，古寨四围的城墙基本留存完好，只是寨门毁损严重。

寨中的天子寺建于元朝末年，原名“须弥寺”。其地形状若莲花，四周树林茂密，风景清幽。

据说，元朝末年有一僧人云游至此，见西山坪地势平坦，古木参天，风景奇异，一小山丘堡如同莲花盛开，四周佛光闪烁，顶上祥云飞来，云彩中仿佛飘出“须弥”字样。于是僧人当下发愿，在此结茅而居，化缘建寺。寺庙建成后便命名为“须弥寺”。清朝年间庙宇和寨子重修之后，更名为天子寺和天子寨。

相传当年靖难之时，建文帝从密道中逃走，拿着爷爷朱元璋留下的锦囊，打开一看，里面有张纸条及地图，有诗一首：“御花园里家具房，黄金十根修庙房，打开烂柜换衣裳。柜下有一灯草洞，火烧灯草走他乡，日暮西山天子寺。”建文帝于是便改换僧装，一路沿着嘉陵江来到西山坪天子寺，在此处潜心修佛，还曾写下句子：“僧为帝，帝亦为僧，一再传，衣钵相授，留偈而化；叔负侄，侄不负叔，三百载，江山依旧，到老皆空，数十载衣钵相传，正觉依然皇觉旧；八千里芒鞋徒步，西山更比燕山高。”寺中有两重殿宇，殿中竖有长尺余、宽 3 寸的木牌，上书“须弥山募化贫颜米”楷体字，笔锋秀丽，传说为明建文帝手书。

传说虽然虚渺，漏洞颇多，但天子寺和天子寨满目青山，遥望西山岭蜿蜒如酣寝之龙，微风掠过，草木翕动，呼吸间山气清爽，这深山中风景清幽确是避世修行的绝好去处，行走之间，又何必深究呢？

北川铁路遗址

北川铁路，兴也缘煤，败也在煤。

北川铁路地处北碚区文星乡和代家沟境内，自嘉陵江左岸的白庙子起东北行，经水岚垭、麻柳湾到达万家湾，经文星场、后丰岩而至郑家湾，过土地垭、代家沟、大岩湾，直趋终点大田坎，共 11 个站，全长约 16.8 千米。这是四川第一条铁路，原计划修入合川境内，但因种种原因未能实现。修建该铁路是为了将天府煤矿的煤通过铁路运送到嘉陵江边，再由船运出。

北碚天府地区煤炭资源蕴藏丰富，开采历史久远。早在 20 世纪初，文星场、代家沟一带就有大小煤矿数十家，日产量达 200 至 300 吨。当时科技落后，原煤全靠手工开采，全靠肩挑背磨运输到嘉陵江边上船，不但运输成本每年在 30 万元以上，而且挑运量有限，经常造成积压，影响生产和发展。1925 年，视野开阔、有远见的煤业主唐建章联络合川、江北士绅发起倡议，拟建一条轻便铁路，用机车代替人力运输，并成立“北川矿业轻便铁路公司办事处”，因当时这些地方均属江北、合川两县辖区，故命名“北川”。后因资金久难筹集而无法进行。1927年，民生轮船公司、益泰公司再次发起，成立由卢作孚、唐建章等三十余名成员组成的“北川民生铁路股份有限公司”，用股份制的方法筹集资金，重兴建设。1928年初，聘请原胶济铁路总工程师守尔慈（丹麦铁路工程师）进行总体设计，当年破土动工，卢作孚主持了开工仪式，当时筑路工有近千人。到1929年，北川铁路一期工程水岚垭至土地垭段8.7千米的铁路建成，并购置了两台26千瓦蒸汽机车，11月正式通车营运。1930年秋，开工二期工程，铁路向两头延伸修建，到1931年5月，修成从白庙子码头至大田坎的16.8千米的北川铁路，又分别购置81千瓦和55千瓦蒸汽机车各一台，全线贯通并投入营运。1933年6月，又开工第三期工程，修建重力绞车下煤轨道等配套设施，购置55千瓦蒸汽机车一台及自动卸煤车20辆，到1934年3月，整个北川铁路工程完工。工程投资75万元，形成了完整的运输系统，日运煤量可达千余吨。

北川铁路修建期间，正是中华民族蒙受深重灾难之时，

北川铁路早期运输（1934年）

天府煤矿自制机车

在国弱民穷的条件下，北川铁路完全靠民营经济在艰难困苦中建成。据记载，当时重庆的工业几乎全是手工工业，这种大规模地投入工业建设，在重庆是一场工业革命，也是北碚进行乡村建设实验的功绩。

北川铁路的建成，不仅大力发展了当地的工业，而且为后来的抗日战争做出了巨大贡献。据国民政府 1943 年统计，“陪都”重庆三分之一以上的能源供应靠这条铁路的运输，其中兵工用煤的 55%、航运纺织用煤的 85%、发电用煤的 60%、化工冶炼用煤的 25% 均来自北碚天府地区。

北川铁路建成后，引起了社会的广泛关注，众多政界、知识界名人都来参观过，还有英国、美国、加拿大、澳大利亚等国使团和国内外报社记者来考察。有参观者曾留下这样的诗句：“自铸火车惯运煤，山中十里走轻雷，专家心血工人汗，此是渝郊第一回。”

北川铁路的轨距仅 732 毫米，被称为“寸轨”，只有普通列车轨距的一半左右，其火车堪称袖珍，在今天看来简直就与游乐园中的儿童列车差不多大小。而在当时，这是一代人的工业梦想。1952 年，代家沟以上煤矿失去开采价值，北川铁路大田坎至代家沟一线被拆除。

目前，北碚区政府在着手开展重建北川铁路的旅游项目，未来，游客们可以沿着当年的北川铁路，乘坐小火车在山林间穿行，不仅可以饱览自然风光，更可回味中国工业史。

天府煤矿

天府是因为煤矿而兴，又因为煤矿而衰的偏僻小镇，域内煤炭资源丰富，二十世纪二三十年代，由合川的实业家卢作孚出资在此开采煤矿，在北川运煤铁路修建好以后，天府煤矿就成为重庆工业发展的重要能源基地，曾为重庆工业发展和战时首都的经济做出过巨大贡献。

天府煤矿，是卢作孚从事嘉陵江三峡乡村建设组建的第一个大型企业。因四川素有“天府之国”之称，故取名“天府”。孙越崎是中国当代矿工业泰斗，中国当代煤炭工业、石油工业的一代宗师。1893年出生在浙江绍兴的孙越崎，生逢乱世，决心走实业救国之路。北大矿冶系毕业后，孙越崎开始开创发展中国现代化能源工业的历程。1934年担任陕北油矿勘探处处长，不久，应翁文灏之邀，出任河南焦作中福煤矿总工程师。“七七事变”后，孙越崎为了不让中福这座现代化的煤矿落入日本人之手，毅然决定将煤矿所有机械设备全部拆除，迁往后方。

1938年2月，在翁文灏寓所，孙越崎与天府煤矿董事

北碚代家沟开掘西兹洞矿井
(1922 年)

长卢作孚相见，两位心怀救国之志的实业家结盟，中福与天府结缔。孙越崎将中福拆除之矿山物资，交卢作孚运往天府。由中福、天府和北川铁路三企业合股组成“天府矿业股份有限公司”。卢作孚任董事长，孙越崎担任总经理，并相继开办改建了年产 50 万吨的天府煤矿，和威远、嘉阳、石燕 3 个年产 40 万吨的煤矿，这四个煤矿生产供应当时重庆所需用煤的 50% 以上，有力地保证了军需和民用，支持了艰苦卓绝的抗日战争。

孙越崎曾说：“我一生做过不少错事，但有两件事，至今认为是做得对的。第一件就是上述抗战初期把中福煤矿的器材和人员拆迁到后方，为抗战做了贡献……中福是抗战期间全国迁往后方的唯一煤矿……”孙越崎一生抱着科技兴国的理念，艰苦奋斗、坚韧不拔，走过了艰难曲折的历程，为我国煤炭、石油工业的开发建设和人民解放事业、社会主义建设事业，做出了卓越的贡献。也把名字留在北碚天府这座小镇上，让后人铭记他的爱国情怀。

文星场

文星场，位于北碚东北部山区，距北碚城区东北约 8 千米。文星场地处华蓥山脉天马山与飞蛾山之间的槽地，南北长约 10 千米，东西宽 3 千米。东西两面都是山，两山之间夹着一片平地，形状如槽，因此地刘姓人家最多，所以叫刘家槽。

文星场因文星阁而得名。文星阁始建于明代，阁中塑有文曲星泥像。清顺治初年扩修，改名为“文昌宫”。清康熙年间，随着当地煤业的兴旺，文星场逐渐由几间草房扩为一条小街，出现商铺客栈，街面狭窄。清咸丰年间，文星场正式设场，因修有文昌宫，便取名“文星场”。

1933 年，天府煤矿成立后，在文星场附近的后丰岩修建了办公用房、职工宿舍。抗战时期，天府煤矿大兴，文星场也随之迎来了一段兴旺发达的岁月，街道加宽平整，新修了文星支路、新富路，在后丰岩东、西山坡增建职工宿舍、办公大楼、广场、剧院、医院……铁路两侧小食店、杂货店以及市民用房逐渐增多，文星场与后丰岩两地逐渐相连，几与北碚老街相近。

文星场风景不殊，可登东山牛角庙远眺温塘峡、缙云山和北碚城区，近可登览天府寨、兔耳寨，域内的河西洞、金剑寺、老碉楼、老街、天府煤矿及北川铁路遗址，都是意蕴深厚的人文景观。

由于百年来的持续开采，二十世纪八九十年代之后，随着天府煤炭资源的几近枯竭，在工业化时期热闹非凡的文星场走向了落寞，而且后丰岩和文星场一带都形成了严重的采空区，大部分居民因此搬迁到北碚焦家沟的天府新区，只留下了安土重迁的少数居民以及街道两旁人去楼空的房屋，热闹的文星场又回归了曾经的静谧安然岁月。

但这也使得文星场保留了很多二十世纪八九十年代的岁月风貌，随着近些年对“80 年代”的怀念之风越刮越盛，这片被遗忘之地，反而又成了不少人旅游摄影的好去处，成了怀念之旅的优选之地。近年来，已有《哥，你好》等多部影视剧在此取景拍摄。

水土沱

水土，地处重庆市嘉陵江东岸，观音峡南口，是一个有着百年历史的老重庆古镇街道。传说很久以前，一位得道高僧云游至此，无意间在空中往下俯瞰，发现江上白帆点点，号子悠扬，渔歌唱晚，顿觉神清气爽，诗兴大发，感叹“好一方水土！”于是此地得名。其实是本处因嘉陵江常年侵蚀冲积，在此形成沙土堆覆的回水沱湾而得“水土沱”。

水土地处中梁山与龙王洞山之间，嘉陵江环绕，竹溪河、后河穿行全域，地理位置显要。清康熙年间设水土铺，乾隆年间“江巴分治”后改属江北厅，清朝末年成立水土镇，这里曾设有塘汛关卡，有过千人躬首、万盏明灯的繁华。

1951 年至 1965 年，水土沱为江北县治所驻地十余年，作为江北县的政治、经济、文化中心，更是远近闻名，可惜后来随着区划调整，县城被撤销，1994 年划归北碚。曾经热闹的水土逐渐沉寂落寞了一段岁月。

水土依地势而建，高低起伏，巷窄坡陡，把山城建筑的特色诠释得淋漓尽致，有“江东明珠”之比喻。令人称奇的是，流动人口并不多的水土老街，竟有好几家经营历史超过20年的小餐馆，这里的美食有历史的回味，每一碗都盛着口碑与诚信，每一锅都诠释着耿直和执着。走进老街沧桑百年的深长胡同，阳光稀疏的青苔石阶，古朴无名的石头寨门，沉默静谧的穿斗房屋，斑驳陈旧的简陋木门，百年无言的石缸石磨……似乎都在诉说着这份难得的“坚守”。袅袅的炊烟缓缓升起，闲适的庭院里，看花影轻移，听鸟雀啼鸣，平淡无奇，平静无波，顿觉岁月如此静好。水土老街因现代交通高速发展，已失去往日荣光。但若在嘉陵江畔远眺，透过粉墙黛瓦的木结构民居和鳞次栉比的老字号店铺，依然可辨当年的繁荣盛况。

滩口牌坊

节孝牌坊在巴渝之地分布很多，碚城范围内就有不少，在北碚水土大地村小学内，有一座号称“川东第一牌坊”的滩口节孝牌坊。

滩口牌坊位于北碚水土镇，是一座集贞节、孝道于一体的节孝牌坊。建于清光绪十三年（1887），石质仿木结构，造型独特，气势恢宏，建造精美，被誉为“川东第一牌坊”。

牌坊坐南朝北，占地约60平方米，高15米，宽11.45米，厚4.8米。牌坊为四柱三间五层，歇山式三重檐顶；其中门，又称“明门”，高3.5米，宽2.6米；两边侧门，又称“次门”，高2.5米，宽1.48米。檐顶起翘手法夸张，凌空飞动，流畅自然。

牌坊细部设计匠心独运，雕刻极其精美。底层立柱前后均用青石夹板固定柱基，夹板雕镌蟠龙或卷草纹等图案；正反两面最顶层正中为“圣旨”匾额，周围为浮雕卷云图案，左右饰以人物浮雕；其下的横梁上雕有三幅古代“节孝”故事片段，人物雕刻细腻、生动。正门上方的“节孝”匾额左右，也有浮雕人物，与两旁短柱上的花木石雕呼应和谐。不仅如此，牌坊楹联内涵深厚，书法水准上乘，在重庆地区较为罕见。

相传清道光年间，滩口住着唐、杜两家，唐家小姐与杜家独子杜国瑞从小青梅竹马，情投意合，唐家小姐17岁那年嫁入杜家。一年后，唐氏产下一子，取名杜伯清。小伯清从小聪明伶俐，喜好读书、写字，一家人生活得幸福、美满。

可好景不长，几年后，杜国瑞染病身亡。唐氏面对苍老的公婆和年幼的儿子，强忍着丧夫之痛，用柔弱的身躯支撑起这个濒临倒闭的家，含辛茹苦地抚养伯清，赡养公婆，任凭媒人磨破嘴皮劝其改嫁也毫不动心。伯清十年苦读寒窗，终于金榜题名，任长寿知县。

为表彰先人两世守孀，苦育儿女，经奏请光绪皇帝颁旨准允建牌坊，以彰节孝。牌坊上的“圣旨”两字据说为光绪帝亲手所题，滩口牌坊所在之地，原是由水土通向静观、偏岩的要道，官商士绅经过牌坊时必须下马步行。

据说在修建牌坊时，方圆几百里的人们为唐氏的贞孝感动都来帮忙，工地上人声鼎沸，非常热闹，到了晚上，附近的百姓还隐约听到打磨石头的声音。

静观花木

静观镇位于北碚区东部中心地带。全镇辖区面积 72.5 平方千米，是市级城乡统筹示范点、江东一线八点中心、中国花木之乡、城市森林公园、中国特色旅游名镇，种花养草已有五百多年历史。2011 年 11 月，静观镇又被中国花卉协会授予“中国蜡梅之乡”称号。全镇花木种植面积四万余亩，花木品种近千个，花木企业近百家，花木产业已成为兴镇富民主导产业。

静观花卉，源于 20 世纪的一个静观名人，那就是花木造型的川东派代表胡中行。

胡中行，号淳园主人。静观人。早年曾学端公，就是民间的巫师之类，戊戌变法后致力于实业，开办了五里坡等大小煤矿十余个，但其平生最爱的却是植树和园林艺术。他在这一带买下田土百余亩，专植树木花草达 30 余亩，取名“淳园”。

园地跨静观场桥亭子溪流两岸，两岸种满草本和木本花卉，又开辟了池塘几亩种植并蒂莲花，他种的莲花造型特异，

静观秋色　谭远碧　摄

有紫荆屏风、丹凤朝阳、双狮戏球、二龙抢宝等品种，堪称一绝。他还在园中修建若干造型牌坊，上面悬挂竹刻历代名人所书联语，点缀庭园，颇多诗情画意。“淳园”中还有来自美国、日本和南洋岛国的珍稀花木，现在的桥亭溪旁的两株金钱松，是现代北碚的开拓者、著名实业家卢作孚先生从英国带回馈赠给胡中行的。这里还有从外国带回的重庆本地所无的悬玲花。

当时的“淳园”花木名噪一时，胡中行成为四川花木的川东派代表，而川西派其实又是其川东派的分支，所以，胡中行实际也是四川花木的典型代表。1949 年前，淳园花木售至宜宾、汉口等地，亦有小宗花木出口。逢年过节，淳园向群众免费开放，不收分毫。1949 年后，淳园收归人民政府，省内外各大单位都来淳园选购花木，同时通过广州交易会远销国外。

静观蜡梅博览园

静观蜡梅博览园位于静观镇素心村，AAA 级景区，也是重庆唯一一个以蜡梅为主题的 A 级旅游景区。

近年来，为发展壮大素心村集体经济，静观镇采取“政府集中投入 + 村公司整体运营”模式，持续打造中国静观蜡梅博览园，已累计投入建设资金 1300 万元左右。2019 年 12 月，中国静观蜡梅博览园首轮改造升级完成并对外营业，占地面积 100 余亩，现有蜡梅近 3000 棵。目前，正与西南大学进行校地合作，引进全国已公布的蜡梅品种，创建中国蜡梅种质资源库。

园口的“中国静观蜡梅博览园”园名由中国蜡梅研究第一人、中国工程院院士、北京林业大学陈俊愉教授亲笔手书后拓成。

静观蜡梅博览园有两大特色。一是蜡梅树王。原种植于素心村村口的古蜡梅树，高约 8 米，冠幅约 5 米，品种为梅中珍品素心蜡梅，系素心村黄氏先辈 1910 年种植，已有 110 余年树龄。2021 年春，移栽至园中永久保护，被誉为中国静观蜡梅博览园的“蜡梅树王”。二是温泉泡脚池。蜡梅园中有温泉，泉眼深度1985米，出水口最高温度63.5度，富含硫、铁、钙等矿物质。每年腊月，静观镇老百姓都有温泉泡脚的习俗，蜡梅园建设中保留了这一传统。园内一共设了17个温泉泡脚池。寒冬季节，游客一边泡温泉，一边喝蜡梅茶、赏蜡梅，已成为一道独特的靓丽风景。

距静观蜡梅博览园不远处是素心村的湖边三别墅。这是静观镇依托国家农业产业强镇建设，深挖蜡梅价值，探索精深加工，带领本土返乡人才创业的典型项目，包括花木文化创意工坊、蜡梅加工体验工坊和永和小厨三部分。

其中的花木文化创意工坊，围绕花卉与艺术，开设花店创业班、插画艺术班等专业课程，并组织全国花艺专业人士来静观游学，组织工坊花艺学员外出考察，通过引进来、走出去，扩大静观花木的影响力，打造生态文明展示窗口及产业融合平台。

蜡梅加工体验工坊，依托中国蜡梅之乡的优秀资源，联合西南大学，开发精油、纯露、花茶等产品，提高花卉附加值，延伸花卉产业链。目前萃取蜡梅精油初步实现订单农业，原料采购方每年下单预定蜡梅，合作社在江东片区设置了四个蜡梅花收购点，统一以保护价格收购花农的蜡梅鲜切花和鲜花朵，公司负责加工制作销售，已带动4000多户种植户实现产业转型升级。

这些农旅融合产业点因地制宜，不搞大规模生产加工，而是采用小规模的面向游客的体验区模式，通过观看制作现

美丽新农村　秦廷富　摄

场、亲身参与制作过程等，带动游客主动、放心、愉快消费。以花为媒，实现农户增收致富。

塔坪寺

塔坪寺位于静观镇东五里许。始建于宋代绍兴十六年（1146），耗时22年完成。1986年，被列入四川省级文物保护单位，现为重庆市重点佛教寺庙。

塔坪寺原名小昆仑古藏寺，明万历四十年（1612）培修并建坊于殿前，因寺内有宋塔，更名为塔坪寺，清初寺院破落。清乾隆末，塔坪寺僧照开、照宝“经数十年整修上下殿，庙始复其旧焉”。嘉庆五年（1800），在战乱中被“纵火一把，院宇俱为灰烬”。嘉庆二十一年（1816），僧普湛重建大殿及左右两廊。道光四年（1824）春，重修藏经阁，并用生铁铸成楼阁式六楼七层铁塔一座。至道光十三年（1833），又建上殿，共历时二十余年。至民国时，塔坪寺院宇依旧，与北碚缙云寺齐名。

塔坪寺依山而建，为整体四合院建筑，是集寺、塔、坊、表为一体的建筑群体，也是我国中原地区自唐以后失传的以塔为中心的建筑实物。寺内有建于1167年的石塔，建于1612年的牌坊，还有清代的大雄宝殿、藏经楼、左右厢房以及铁塔和云愣碑（经幢）等文物。其中的宋代砖塔经历800多年依然完好，清代康熙年间的铁塔为全国保护最好的古代铁塔。

塔坪寺还与太虚大师有所关联。1931年，太虚大师来川，次年创办汉藏教理院。1937年，太虚大师以“汉藏教理院”名义接管塔坪寺并建立分院。1941年，大师留驻塔坪寺期间尝亲书赞礼联于华表，云：“塔髻凌空，七宝庄严开佛地；坪林耸秀，四山苍翠映禅机。”这正是塔坪寺的绝妙写照，也留下一段佳话。

塔坪寺依山而建，四面山势逶迤奔腾，中则塔峰耸峙。塔坪寺历史悠久，历代名人常游于此，题联留诗作画不乏其人。古人有诗赞云：

梵前突出一仙峰，半在云头半在空。
耸翠层峦通四望，徘徊绝转透七重。
无边功德垂千古，有象威严壮大宏。
不让露盘高北阙，挺然峙立镇川东。

塔坪寺不仅是闻名遐迩的丛林古刹，而且还是景色优美的园林景观。寺周植有银杏、楠木、松柏，古木参天，绿荫掩映，修行淡雅，环林而生，景色宜人。清人黄竹轩曾赞道：“时乎春也，碧桃灿烂，俨若赤城；时乎夏也，野芳幽芬，何殊香国；洎乎秋而黄云掩映，不啻金色大千；届乎冬而玉雪纷披，恍如琉璃世界。”道出了佳境胜地，四季秀色。游塔坪寺，可欣赏园林之景观，饱览宋塔之雄姿，鉴赏牌坊之精美，眺望庙宇之壮丽，领略名刹禅院之深幽，参悟佛教圣地之玄机。宁静淡泊之间，使人烦忧顿消，步入清幽深远、空灵祥和的境地，令人流连忘返。

全面抗战初期，前方战事吃紧，长江下游部分大中专女学生扮“比丘尼”西来重庆，太虚法师通过当时国民政府主席林森，收容下这批“比丘尼”送塔坪寺暂时奉佛，其中江氏因德行兼备任师职，率众女在住持和尚指导下朝夕礼佛诵经。众女住寺后殿下右廊云房，下临石塔院坝，专立斋厨、厅所，并辟该列平房为寺僧、香客禁区。1942 年许，太虚法师又以汉藏教理院名义至地方政府备案，在塔坪寺内开办初级小学，任命寺住持妙虚法师为校长，“女尼”中江氏和另几位文化较高者为老师。教室设于石塔两侧两间较大的廊房，共两个班。抗战胜利后“女尼”回原籍，学校亦停办。

柳荫东升村

东升村背靠苍翠的缙云山脉，村落掩映在秀山绿树之中。明媚的阳光下，秀丽的田园风光如一幅浓墨重彩的山水画呈现眼前，座座安静的农庄小楼点缀画布中。极目远眺几分钟，足以让眼睛好好洗个澡。

近年来，柳荫镇联合四川美术学院等院校和机构，在田野间打造了以“稻香故园”农耕文化和稻田艺术展示区为代表的一批农旅融合项目。乡村里有了农耕文化园、儿童乐园、书屋、民宿、稻草园。还特意邀请四川美术学院团队对农户房屋进行墙体艺术涂鸦，用荧光石铺设路面打造星光步道，造就了迷人的北碚乡村秘境东升村。

除了美丽的景色，最值得来看看的应该是这里还保留着的颇具时代烙印的灌溉水渠。水渠绵延几十千米，一段段横挂长空，飞跨山头，气势宏伟。这些水渠始建于20世纪70年代，靠着当地居民开山凿石、徒手搬运，历时10年，终于修建完成。

如今，在柳荫，保存完好的渡槽还有30多千米，柳荫

金光穿洞　吴祥鸿　摄

镇也成为重庆的“渠乡”，而在乡村振兴的大背景下，焕发了新的生机，从另一个角度继续服务着一方水土。

的确，任何看到这些宏伟渡槽的人，都免不得一声惊呼，任何了解到那一段艰苦奋战历史的人，都免不得敬佩喟叹，这一座座的渡槽，正是那个时代，那些人筚路蓝缕，勠力前行的象征，是一座座时代纪念碑。

随着乡村旅游的兴起，柳荫的渡槽借着人们的镜头、画板和笔端，也吸引了越来越多的眼光，成了旅游“打卡”的热门景点。

金刀峡影

金刀峡是国家首批 AAA 级旅游景区，被誉为“梦中的香格里拉”“中国第一险峡”，集瀑、泉、洞、峡于一体，以雄、奇、险、幽著称，保持着原始古老神奇的峡谷风景，不但拥有约上亿年的峡谷幽壑景观，以及大量的喀斯特地貌和壶穴碧玉串珠的深潭绝景，而且拥有全国最长的峡谷仿古实木栈道。

金刀峡从地质年代上属三叠纪，距今已上亿年，结构属沉积岩、石灰岩构造，是沉积岩受内力作用挤压、拉伸，形成背斜和向斜，通常是背斜成山，向斜成谷。金刀峡即在观音峡背斜华蓥山段，其后此段又因内力作用导致背斜中轴位置岩层断裂错位，在山的中部形成了一个又深又长的大断裂层。山中长流不息的泉水和来势凶猛的山洪冲刷此沟，形成河床，而水的侵蚀力以流速增大的比例增长，金刀峡上口至下口落差高达数百米，流速极大，侵蚀力十分惊人，经过亿万年的作用，终于形成了今日雄、险、奇、幽的金刀峡。

金刀峡的得名来源于一个民间传说。元朝末年，华蓥山下有一壮士名叫张昆，他勇武过人，好打抱不平，颇有侠士风范。有一天，张昆进山砍柴，在一个峡谷之中迷路。当夜正值月圆，只见峡中深处有什么东西在月光下发出金灿灿的光辉。走近一看，原来是一把插入峡壁岩石的金刀，于是上前拔刀，原本纹丝不动嵌在石缝中的金刀竟被轻轻抽出。天明之后，他凭这把金刀披荆斩棘，终于走出峡谷。从此，张昆胸怀大志，勤读诗书，苦练武艺。明玉珍在重庆建夏反元，称“夏王”。他久慕张昆勇名，便将张昆招入帐下并授以都尉之衔。张昆智勇双全，加之吹毛断发的金刀在手，立下赫赫战功，很快成为夏王帐下头号猛将，被夏王赐予别号“张金刀”，明玉珍取“安得猛士守四方”之意，封其为“安得猛士将军”。自此，“张金刀”张将军的威名名扬海内，张昆家乡的人们为纪念张将军，就把当年张昆得宝的峡谷称作了金刀峡。

北京师范大学教授、著名学者王泉根曾这样形容金刀峡：此峡集雄、险、奇、幽于一身，汇泉、瀑、洞、峡为一体，实在是可遇而不可求，故应做四季常游。春游寻乐，飞泉急流，苔湿路滑，奇险生趣；夏游避暑，空谷生凉，啸然物外，何等快意；秋游赏心，景随步移，幽韵撩人，随遇而安；冬游励志，林寒涧肃，冰河雪地，谁人敢到。

惊魂台

惊魂台长约 5 米，宽 3 米，雄立于万仞悬崖之巅，站在

金刀峡瀑布　李继洪　摄

台上往山崖下望去，有触目惊魂之感。

步云梯

这是从上口进入金刀峡景区的第一道奇观。这里原是猿猴虎豹都难以攀登的悬崖峭壁，有“蜀道之难难于上青天”般险要，后经人工开凿，成了这样一个曲折陡峭的云梯。

走在步云梯上犹如云中漫步，从下仰望，山崖高耸入云；从上俯瞰，峡谷深不见底，令人目眩心惊。

舍身崖

舍身崖与入云峰

金刀峡　一线天

隔涧雄峙，巅峰怒刺青天，仰望不见崖顶，崖壁如刀砍斧削，陡峭屹立，只可望而不可即也。

犀牛洞

犀牛洞洞口高 2.5 米，宽 3 米，洞深 90 余米。里面有一条地下暗河，河两岸形成了天然的石底平整的步道。进洞 70 米处有一个宽大洞厅，厅中水潭里露出一块钟乳石，状似犀牛，头朝外静卧水中，洞顶有钟乳杂乱悬挂，如果打开手电筒一照，则光怪陆离，又有一道泉水直泻牛背，恰似“犀牛沐浴”，这个洞由此得名。

藏刀洞

藏刀洞相传是大夏国将军张昆获得金刀之处。洞内钟乳石造型奇特，有一钟乳石酷似一柄空刀鞘直刺入峡，虽然金刀早已不在，但刀鞘依然留在洞中。站在这里，放眼望去，仿佛一把金刀高悬洞顶，刀光闪闪、寒气逼人。

奇石滩

走出藏刀洞，眼前的峡谷地势豁然开朗，有好多形态各异的巨石耸立于峡谷河床之中。这是由于地震、滑坡等，山崖上的巨石被带到谷底，历经数万年冲刷、侵蚀，逐渐形成了现在千奇百怪、气象万千的奇石滩。

滴翠岩

如果说“金刀峡”集幽、险、雄、奇于一体的话，那么“滴翠岩”就是幽、奇兼有的一处佳景。

那晶莹剔透的钟乳石花，四季常青的天然植被，无论是阳光和煦的春夏，还是山色蒙蒙的秋冬，都有水珠或露水，若凝若滴，遇到下雨天则飞珠溅玉，细雨如丝。有时，雨过天晴，你还会看到一道彩虹横跨峡谷，令人神驰。

天犬洞

天犬洞洞中那块石头，像一头威武雄壮的猎犬。据说，这条洞中石犬是张昆将军的爱犬，名叫“天犬”，“天犬”为寻金刀立下了汗马功劳。“天犬”曾用身体挡住毒箭，为保护主人而不幸丧生，“天犬魂”归天国，身躯化成石犬，镇守着金刀峡。为了纪念爱犬，张昆就把这里取名为“天犬洞”。

悬天飞瀑

金刀峡之美，首先美在于它灵动的水。有涓涓细流、山涧溪水，也有激流飞瀑，有深潭碧波，也有暗流作响，不一而足，峡谷幽深，全在“灵动”二字。金刀峡上峡口的右侧叫日照壁，太阳出来，霞光万道，却只能照到这块石壁，谷底却照样是阴天。

悬天飞瀑高大约 150 米，宽 2 米左右。瀑口左面有一方形石洞，何人何时开凿，已经无从考证。据当地一位百岁老翁讲，曾有一远方老道在此修炼多年，后得道成仙，在某个久雨初晴的正午，驾一道彩虹而去。又说白莲教教众亦曾在此活动过。

山崖嵯峨，笔直冲天，一股银白色的飞泉傍着雄伟的山势从天而降，像空中飞练。这里又叫“双面飞瀑”。干旱时节，飞泉犹如银丝串珠飘洒于天地之间，凉风拂过，泉水随风飘散，五光十色，如仙女散花一般，点点滴滴甚是好看。山雨过后，山洪入峡，泉如潮涌，飞奔直下，瀑布会猛增十余丈，响声震天动地，如百鼓齐鸣，气势如虹，十分壮观。因瀑布随雨旱时节变化明显，人们又称它为“双面飞瀑”。

悬崖中间还有一条横穿日照壁的天然便道，如果在上面行走的话，会觉得瀑声如雷，震耳欲聋，水花飞溅，会沾湿衣裳。走在里面，隔着水帘遥望，好似雾里观花。

神鹰峡

大凡自然风景名胜之处，都有巧夺天工的奇景，或形似或神似，人们总喜欢用自己的想象去附会自然。一块突兀的巨石，如同一只巨大的老鹰头突入峡空，清澈泉水从鹰嘴流淌而下，使得这里特别凉爽滋润。所以，这一段峡谷就叫“神鹰峡”。

狮头峡

金刀峡上段的第二胜景狮头峡，峡谷到这里突然变得涧深、峡幽、路窄，真的是遮天蔽日。一块凌空的巨石，像一个狮子头。那一蓑一蓑泛着黄光的苔藓像光滑柔顺的狮子毛，下面那斑斑驳驳的石痕像饱经沧桑的老人脸。冥冥之中，似乎与古埃及古老的狮身人面像遥相呼应。

这一段峡谷，相距百米，为何右有神鹰，左有雄狮镇守着峡口呢？据说，神鹰和狮子是天上两位神仙的坐骑，他们参加王母娘娘的瑶池宴，多喝了几杯，昏然大睡。于是，这两头神兽便私入凡间，被金刀峡美景所吸引，就留居此地，狮子是男身，神鹰是女身，两头神兽就在这峡谷里做了夫妻，过着男耕女织的幸福生活。两神仙酒醒后发现坐骑不在了，急忙告知玉皇大帝，玉帝下旨召回天庭，两头神兽不从，玉帝大怒，便派天兵前来捉拿。两头神兽与天兵大战千余回合，后来王母求情，玉帝就命其永远在这里镇守峡谷，保一方平安。

千指岩

在栈道一侧和擦肩而过的岩石上，有大小长短、粗细不等的石尖，密密麻麻，层层叠叠，纵横交错，就像人的手指头。所以，这里叫“千指岩”。它们的颜色以乳白色居多，还有黄、青、蓝、绿、棕等多种色彩。

金刀峡溪降　陈远鸿　摄

沙溪湖

自沙溪湖开始，进入了金刀峡上段的尾声。湖泊全长约100米，头窄尾宽，最窄处不足一米，最宽处有十几米，从上而下，湖水由浅入深，浅处可赤足涉水，深处可供游泳探险。出口，还可以撑竹筏。游客可以玩一玩这里的竹筏，还可以在小船上对对山歌。很多客人到此乐而忘返，所以，这里又被人叫作“忘愁湖”。船在峡谷溪流间穿行，人在清风鸟语中放歌，别有一番情趣。

千幻古崖

金刀峡下段右岸的悬崖陡壁如一个巨大天幕凌空垂挂，崖幕上有很多绚丽多彩、变幻莫测的图像，好像千军万马大闹天宫，又似飞禽走兽在峭壁上奔跑，就像远古洪荒时代的场景。所以，人们把这里命名为“千幻古崖”。

蛙王探洞

金刀峡下段，峡谷栈道已没有那么艰险，河滩也开阔了许多。这段峡谷的一大特色景观就是河滩中的石头。有一个肚白背青的巨石伏在水中，酷似一只匍匐的大青蛙。大青蛙瞪着大眼，看着前方。顺着它的目光看过去，仿佛可看见一个美丽的峡谷仙女。据说，看着青蛙就红脸的就是仙女。

心形潭

金刀峡里的潭水很有特色。心形潭是众多深潭中最出色的一个，它形如心状，平如明镜，绿如翡翠，由于水比较深，有三种不同层次的绿，异常美丽，直视潭底，大大小小、形状各异的石头清晰可见，如果在阳光照射下，潭面波光粼粼，潭底碎石也化作了七彩石，随着粼粼碧波摇曳生姿。

月牙夕照

月牙桥，是一座新建的石拱桥，宛如月牙悬挂在峡中。滩上滩下刚好有 4 个深潭，夕阳斜晖下，闪烁着金碧相间的水光，就像四颗绚烂的星星映照着月牙桥的美好身段。因此，这里就被称为“月牙夕照”。

象鼻池

过了月牙桥，就来到金刀峡的出口。桂林有座象鼻山，金刀峡有个象鼻池。一块巨石，活像一头大象，肥嘟嘟的大象正把浑圆的头伸向一个大水池，又长又粗的鼻子插进水中，正在悠闲地饮水呢。这里的河滩宽阔，滩中怪石星罗棋布，就像各种飞禽走兽在滩溪中戏玩，生动有趣，活灵活现。

王朴烈士陵园

王朴烈士陵园是北碚区级文物保护单位，爱国主义教育基地。王朴烈士陵园坐落在北碚区静观镇桥亭村，现王朴中学内。

王朴烈士的陵墓修建于1957年，占地3400平方米，建筑面积207平方米。烈士墓用青石砌成，呈圆形，高2米，周长15米。墓碑高1.8米，宽1.2米，上铭刻“王朴烈士之墓”，系20世纪30年代曾任中共江北县委书记、20世纪50年代任重庆市委书记的任白戈于1986年亲笔题书。

王朴，原名兰骏，1921年出生于原四川省江北县仙桃乡（今重庆市渝北区仙桃街道）一个富裕的商人家庭。王朴自小坦率正直，勤奋好学。1944年夏，他考入复旦大学新闻系（当时的校址位于重庆北碚夏坝）。读书期间，他阅读了大量马列著作、进步报刊，并尽力传播，逐步树立了共产主义信仰。因此，中共中央南方局也开始关注王朴。在南方局青年组的领导下，王朴积极为党工作。他参加了由中共中央南方局青年组领导的进步刊物《中国学生导报》的工作，并被选为报社财经委员会主任委员，成为复旦大学学生运动中的一个骨干。

1945年7月，为了落实党中央开辟农村工作据点的指示精神，南方局青年组动员王朴回乡办学，开展农村工作。王朴坚决响应党的号召，征得母亲捐资兴学的同意，回县兴办学校。筹办莲华小学时，南方局抽调了黄颂文、李青林等十余名青年来到复兴乡协助王朴办学，开展工作。

1946年冬，在办校建点的过程中，经过长期培养和考验的王朴，被吸收入党。1947年2月，中共江北县特支成立，王朴被任命为特支委员。7月，江北县工委成立，王朴任工委书记。1947年9月，中共重庆北区工委成立，王朴任宣传委员兼管统战工作。莲华中学随即成为北区工委机关所在地，成为江北县和北碚地区党的活动中心。1948年初，为争取莲华中学的“合法”地位，北区工委接办私立志达中学，莲华中学改为志达中学初中部，原志达中学为高中部，王朴任校长。从1945年秋到1949年11月的4年多时间里，在党组织的领导下，学校充分发挥了农村工作据点的作用，在发展壮大党的组织、开展革命活动、培养革命人才等方面，取得了显著成效。

就在北区工委成立时，为了配合解放战争，在大后方进行武装斗争，川东地下党急需经费购买粮食、药品和武器。王朴接受了为党筹集大笔经费的任务，他决定把家产全部献给他为之奋斗的神圣事业。王朴把想法告诉了母亲，年近半百的母亲金永华同意将自己半生苦心经营积攒所得、准备留给子孙后代的殷实家产全部奉献给党安排使用。从 1947 年秋至 1949 年，金永华、王朴陆续变卖了一千余亩田产和市区部分沿街房产，折合黄金近两千两，所得款项，一部分作为党的活动经费，一部分通过中国银行会计杨志存入银行备用。

大量卖田，引起了社会上一些人士的注意。川东临委指示王朴以做生意为名筹建一家贸易公司，作为川东地下党的一个经济据点。1948 年初，王朴在重庆民国路宏泰大楼二楼租了一层楼房，根据党的需要创办了南华贸易公司，由王朴任经理，杨志任副经理。同时，还从已经创办的三所学校中抽调了几个党员担任会计和办事员。南华贸易公司一方面以王朴家卖田的款项做资本，经营生意；另一方面，通过公司供给川东地下党活动经费，并与上海、香港等地打通贸易往来，与上级党组织取得联系。

1948 年 4 月初，重庆市委机关报《挺进报》被破坏，复兴乡也几次出现特务踪迹。市委书记刘国定叛变后，敌人从他身上搜出一张王朴开出的现金支票，他便供出了王朴。4 月 27 日，国民党特务便包围了南华公司大楼，逮捕了王朴。王朴被捕后，先被关押在行辕二处，组织上通过各种关系，千方百计进行营救，均未果。敌人给他冠上“以物资助匪”的罪名，对他进行各种威逼利诱，然而王朴均不为所动。最后，王朴被列入有重大案情的政治犯，转囚于白公馆监狱。

1949 年 10 月 28 日，王朴被公开枪杀于重庆的大坪刑场。

偏岩古镇

碚城的古街镇中近年来较出名的，是偏岩古镇。与那些“新古镇”所不同的是，这是一座热闹的“活古镇”。

偏岩古镇位于华蓥山脉西南面的两支余脉之间，坐落在北碚金刀峡下峡口黑水滩河畔，为巴渝十大名镇之一。清代属江北厅礼里六甲，康熙年间始在此建场为镇，因镇北有高30米的崖壁向西北方向倾斜悬空陡峭，故名“偏岩”。于2005年8月与金刀峡镇合并为金刀峡镇。偏岩古镇建镇300多年，基本保持了古镇的建筑特色。尚存有古戏台、禹王庙、古石桥等老建筑。这里民风淳朴，乡土生活气息浓厚，近年来成为重庆最热门的影视外景和摄影、美术创作基地之一。

偏岩古镇因华蓥古道而兴，曾经工商业发达，商贾云集，声名远播。一栋栋夹壁木屋挨挨挤挤地沿着缓缓浅浅的黑水滩河两侧分布，重重叠叠，错落有致。古镇街道用青石铺筑而成，顺黑水滩河长约400米。街道两旁的店铺鳞次栉比，店铺建筑多为木竹结构，皆以木斗为骨架，或以木板为墙，或以竹编篱笆糊粉为墙。屋顶多为硬山顶或悬山顶，灰瓦素墙。河岸均是高大粗壮的黄葛树，根系攀附河岸，如柄柄巨伞遮蔽着两侧古朴的吊脚楼，这些卫兵一样的大树，枝丫高举河岸，几于空中交臂携手，成了古镇最美也最让人心安的风景。

偏岩古镇所出名的，还有它的水。清清黑水滩河从华蓥山中一路走来，行至镇中已成了浅浅的一湾，平日里，清凉宜人的河水不过将将漫过脚面，每逢夏日，人们便于这湾浅水中沐足游憩，寻找小鱼小虾或者捡拾小石。又或者干脆将桌椅摆在水中，悠悠闲闲地喝上一壶茶，垒上几圈“长城”，正是酷暑消夏的绝妙好方法。

古镇中小桥甚多，不过最有味道的，还是那几座石墩桥，这些石墩大约相距一步，水再高一点点就可轻松淹没，随时可见蹲于石墩上敲打漂洗衣物的小镇居民。偶尔有小鱼飞跃，搁浅石上，几下腾跃，复又投身急流，只留下涟漪几许。

偏岩立足峡口，早晚之间自然常有薄雾，往往烟霞迷蒙，与镇中袅袅炊烟交缠重合，缥缈笼罩。间或飞来一只白鹭，在水中呆立半晌，踽步几行，忽然振翅飞去，更显祥和安宁。

偏岩古镇是古老的，又是鲜活的，商铺的营业者们多是当地淳朴的镇民，常是“男主灶，女主客”的“夫妻店”。偶尔几个调皮的娃娃在那些硕大的黄葛树上下攀爬，食客的餐桌旁散落着娃娃们的作业本，店里的食材自然不可能从遥远的城中运来，多是周边乡村的绿色食品，“菜有菜味，肉有肉味”，足可供人大快朵颐，放心饮食。

偏岩传说　吴文为　摄

万年台

禹王庙与戏台是古镇的公众集合之地。禹王庙为一纵向木穿斗大堂式建筑，灰瓦粉墙，朴素大方。堂内曾供禹王牌位与塑像。禹王庙前是一古色古香的戏台，戏台上层空间宽敞，四周梁柱间饰以雕刻精美的古代戏剧图案，戏台下为暗

偏岩戏台　余梅　摄

层，专供杂勤之用。节庆之时，周围乡邻与来往客商云集于此，看戏娱乐，热闹非凡。

早在乾隆年间，以唐氏宗族为代表的一代富商，纷纷捐钱捐物，聘请能工巧匠，在古镇大兴土木。一年后，这座以“万年台”命名的两层戏楼就建成了。

四组戏曲人物造型雕塑耸立于两侧脊柱之上，屋顶四角的八条飞龙在彩云中盘绕。舞台正中的木制屏风上，刻绘着“天官赐福”的图画。舞台檐口除有黑漆金字的匾额外，一组组戏曲故事情节的木刻浮雕，描金绘彩，栩栩如生。再配以镂空雕花的门窗户隔，使得整个戏楼流光溢彩，金碧辉煌。

河中消暑

重庆的夏季，让世人畏惧“火炉”的威力。37℃以上的高温是常事，个别区县极端气温更是达到43℃以上。而这样炎热的夏季，不是避暑胜地的偏岩古镇却能声名鹊起。网络上，一组组偏岩古镇河中消暑的图片——在清澈见底、水流平缓的黑水滩河中摆满了桌椅，一桌桌游客在参天古树的庇佑下，一边享受“足浴”，一边就餐、打牌、嬉戏，好不惬意。“这里真是消暑纳凉的人间仙境，明年我一定要去！”网友跟帖中，充满着对古镇的溢美之词。黑水滩河原本并没有今天那么温和，若干年前，因黑水滩河上游雨水面积大，常有山洪暴发成灾。即便平日，看似平静的河面下，因河床深浅不一，夏日常有戏水者溺毙。20世纪70年代，为了根治黑水滩河水患，政府组织当地居民在古镇上游修建了一座大水库——胜天水库，桀骜的黑水滩河才被“驯服”，下游水患再不复存。而胜天水库也在后来被命名为“胜天湖”，成为金刀峡镇又一绝美景致。近年来，人们不断平整了黑水滩河偏岩古镇段河床，这才有了游客到河滩上消暑休闲的特色旅游景观。

 偏岩古镇　王飞　摄

夫妻树

除了特色鲜明的古建筑，老街上的百年古树群，亦是古镇一大胜景。在黑水滩河支流桥亭子河沟上的鸳鸯桥桥头，有一对令人啧啧称奇的“夫妻树”。两树隔岸相望，历经二百余年生长，两树树根已沿桥底部穿过互绕，树干树枝也在河水上空交叉生长，恰似一对相互依偎的夫妻。

后来，人们又不断在黑水滩河两岸栽种黄葛树，肥沃的泥土和河畔充沛的水分，让这些黄葛树生长得异常茁壮，后来两岸长成大树的黄葛树也相互枝叶交织，结成数十对“夫妻树”。这样的夫妻树被当地居民和游客挂上了红布，亭亭如盖的古树群，与黑水滩河相互辉映，构成了古镇一道非常独特的靓丽景观。

胜天湖

胜天湖位于华蓥山下，金刀峡镇境内，距北碚48千米，海拔390米，为黑水滩河的发源地。是20世纪70年代近万民工，经过近十年的艰苦奋斗修建而成，是巴蜀大地少有的高山人工湖泊，也是北碚人民人定胜天精神的历史见证，并由此命名。湖区面积1.5平方千米，湖面0.5至0.8平方千米，水深39至50米，蓄水1080万立方米。

胜天湖四面环山，山势峻峭，湖湾曲折，湖光秀丽，以境幽、水绿、瀑高、石怪为特色，湖内还有一些岛屿，有石洞、峡谷和瀑布、古墓，有华蓥山“人间瑶池”之美誉。“狮子岛”林木葱郁，“一线天”山岩壁立，“三元洞”神秘幽深，湖堤大坝巍然屹立，且具巧夺天工之姿。晴日之夜，星朗月皎，湖岛朦胧，缥缈如蓬莱仙景。1987年，胜天湖被评定为市级风景区，可谓消夏避暑和游览疗养的难觅胜境。

船到“三元洞”口，舍舟登岸，穿越石叠石垒，但见林中，隐隐见半山腰一溶洞，这便是“三元洞”。该洞有上下两洞口，上洞为窗户，不能入洞，由下洞口入，内有石笋，钟乳密集。传说，古时有三个秀才进京赶考不第，无颜回乡，遂来此洞攻书，终于夺魁，因此称为“三元洞”。

 胜天湖　秦廷富　摄

西山环线

若要问北碚最美乡村路在哪儿？一定是在华蓥山麓。

不错，北碚最美乡村路就是西山环线。这是一条穿梭于华蓥山半山腰56千米的美丽彩带，是为了带动乡村旅游发展而建的线性画卷，既有富有原始感的林间弯道，又有规范划一的景区公路。这是一条风景观光道、乡村旅游精品线和村民致富路。

西山环线的起点位于天府镇文干路，然后在乡野田园安稳静谧中穿行，串联起山峦沟渠的野趣，洒落一路花香鸟语。延伸蜿蜒在华蓥山中，直至金刀峡景区上口，与华蓥山下新改造完成的碚（北碚）金（金刀峡）路构成道路闭环。整条环线在海拔500米到900米之间，宽度为6.5米，串起了“复古年代”的天府、花木之乡的静观、东升渡槽的柳荫和幽峡灵水的金刀峡等四个镇。

西山环线沿途皆是风景。第一站少不了在因煤而兴的天府镇打卡，这里满满都是二十世纪八九十年代的味道，别样的怀旧美。走在天府，旧楼、小院、梧桐树，勾起往日岁月

西山环线静观段

的繁华记忆。而今虽已冷寂，但能听到风吹树叶、鸟鸣虫叫的声音，随处还能见到废弃的铁轨。在铁轨上慢走、留影，听留守的老人们讲述往昔，感怀一代人的矿业情怀。每年冬腊月，静观素心村的蜡梅则以芬芳冷艳吸引了远近游客，来来往往络绎不绝的车流，给这条乡村路平添了繁华热闹。

彩色步道与深灰色车道蜿蜒回环，在山间在村落在田园，起伏盘旋，串起天府镇中心村、五新村、文星村、工农村、代家村，静观镇中华村，柳荫镇合兴村、永兴村，金刀峡镇小塘村、七星洞村、五马村。沿线的观景台、民宿，给远道而来的游人们最温馨的享受。

行走于此，可停下车来，坐听林木簌簌鸟雀鸣唱，洗涤尘心；捡拾民间传说，聆听先烈故事；享受自然风光，参与越野竞赛。将生活的美好在西山环线上萦绕，将爱情亲情友情筑就在这美丽乡村走廊，将疲惫的心在这条彩色环道上释放。

海底沟地下水库

北碚是重庆的后花园，有着丰厚的历史底蕴，古村落老街特别多，在众多古村老街中，位于北碚区复兴街道境内华蓥山余脉龙王洞山的龙王村颇有特色，这里不仅有恬静的田园风光，还有深邃的峡谷景色，旁边还有一座叫作海底沟的地下水库，容量特别大，更是鲜为人知。

海底沟地下水库所在位置原本叫江合煤矿，20 世纪 50 年代后更名为江北煤矿，曾经是一个拥有 5000 多人的热闹社区，到了 20 世纪 90 年代，随着煤矿资源的枯竭，最终成为破产企业，而海底沟水库就在其生活区附近，距离龙王古村不远，只有五六千米。

这里本是江北煤矿 4 号井口，1966 年 8 月，工人在钻探过程中遇到泥浆喷出，初步判断是遇到了深塘，于是按以往的经验计划将水放出，并在巷道中设立了四道条石垒成的防水墙，8 月 27 日晚，已水平掘进 1050 米的巷道内，矿方对前方岩壁实施炸药引爆。随着洞内的一声炮响，一股强大的水流以摧枯拉朽之势冲出洞口，直接流向 1.2 千米外的黑水滩河。这原本是一次正常的作业，却因为水势实在太大，发展成了一场事故，洞内 32 台矿车全部被冲走，条石、铁轨等物资也被冲出了洞外，巨大的水流汹涌澎湃，震耳欲聋，泄洪多日，毫无减少的迹象，煤矿负责人赶忙向上级汇报，才有专家组队进去考察。

南江水文地质队和 208 地质队专家先后到海底沟勘查，得出的结论是：地下巨洞的含水层面积 64 平方千米，库容为 1340 万立方米，年平均补水量 441.5 万立方米，可以利用地形条件，在矿井里堵炮眼安闸阀，建设一座“不占一分地，不产生一个移民”的地下水库。

1970 年，海底沟地下水库建成，建设所花成本为 35 万元。此外，当地群众连续投劳两年，修建了密如蛛网的主渠和支渠与地下水库相接，在春夏农忙时放水，就可以顺流而下，自行浇灌复兴、三圣等乡镇的 5 万余亩农田，被当地人称为“微型都江堰”。2010 年，全国第二批国家矿山公园公布，包括海底沟地下水库的“重庆江合煤矿国家矿山公园”名列其中。

1966 至 1968 年，地质专家曾数次从炸开的口子进入海底沟的“龙宫”深处勘查。地质工作者发现，人工开口处海拔 364 米，大致处于地下“龙宫”的水位中部。“龙宫”南北走向，在东、西各有一个深潭（深度未测），其内空间大者高数十米，宽近百米，长数百米，组成许多大的“厅堂”。“厅堂”由廊道连接。“厅堂”就是一系列大大小小的地下湖。湖水清澈如镜，游鱼可数。水库内的水温与气温一年四季基本恒定在 16 至 18℃，冬暖夏凉，就像是不耗能源的空调器。

在被人类炸开之前，海底沟本也有出水口，地质工作者的探查找到了这个出水口——位于人工开口数百米外的华蓥山东山山脉大断层处，名叫龙王洞。当溶洞内蓄水超过海拔 384 米时，这里就会出现水流。

后记

“巴山夜雨地，温泉故里游。”“行到北碚必有诗”……北碚已连续举办五届“缙云诗会”和四届“巴山夜雨”诗歌奖，以诗歌的名义推进北碚文旅创新融合，生态人文底蕴浓厚的北碚，越来越美，已成为不争的事实。

基于此，原以为在自然与人文景点如此丰富的北碚，编写一本景观图书，应该不难。然而，下笔后却发现并非如此。

原因之一是，在以往大家的印象中，作为北碚的旅游景点，只集中于缙云山—北温泉—嘉陵江、金刀峡—偏岩、歇马大磨滩等几个板块，不过这次作为“北碚文化丛书”之一的《景观北碚》，却计划要将北碚的景观“一网打尽”，成为迄今介绍北碚旅游景观最为全面的一本书。所以，编者首先要对北碚的景观进行全方位的梳理。除去缙云山至北温泉、金刀峡至偏岩等几个相对集中的景区，还要对散见于江东片、老城及新城的景观进行挖掘和整理。所以，本书的编写难度在于怎样由“散”到“收”的组合与打包、整合。其实，这方面的编写难度，也恰好是北碚旅游开发本身所存在的难度，怎样使如珍珠般散乱的秀美景观成线、成片、成块、成体系。

原因之二是，“景观”观念的更新。作为一座山水城市，可能很多我们视角中的旅游，也主要是指自然景观以及景观本身附着及包含的历史与文化。而近年来，北碚区深入推进城市文化与文明建设，积极打造“百馆之城”，一些博物馆、纪念馆、陈列馆等也脱颖而出，成为旅游打卡新地标，自然早已成为一种文化景观。显然，本书不可能不编写和收录。

原因之三是，景观本身在不断更新。近年来，随着缙云山综合治理的完成，一批新景观出现在这座名山上。此外，伴随着乡村振兴、“美丽乡村”建设及生态文明建设的推进，乡村大量出现新的景致，如柳荫的东升美丽乡村、澄江镇五一村“樱花橘乡”，还有天府镇矿区治理、歇马街道大磨滩湿地公园建设整治、静观花卉苗木特别是蜡梅文化园建设……以及北碚城区若干小微景观的建设与整治……都在几乎日新月异地改变着景观的北碚和北碚的景观。

原因之四，是内容的取舍与组合编排。作为一个拥有丰富自然山水文化、抗战文化、乡建文化以及一些非遗、民俗文化的城市，景观背后的历史、传说、掌故、诗词等也是丰富的。这些内容，也为景观本身增加了生动性和趣味性。但考虑到本套“北碚文化丛书”中，已有专门的《诗文北碚》《史话北碚》以及《民俗北碚》等相关专题，所以我们在进行景观叙述和描写之时，也就必须做出一定的删减和选择，以避免重复。

以上“四难”，换言之，也正是本书编写的几个维度：一是体系化、成片区地介绍北碚景观，故而我们比较集中地对北碚的景观进行分列，成了全书的四大篇章，以力争系统全面展示北碚独有的自然与人文景观；二是更新观念，不厚古薄今，尽量把近年来所涌现的新景观编写好，并且对“百馆之城”的重要场馆进行介绍；三是凸显景观内外在的丰富性，适当加入诗词、故事及人物、历史背景，增加景观本身的厚度。

秉持着这样的认知，编写组对已有的北碚各种旅游资料文本进行了广泛阅读，并对部分新增景观进行了实地踏勘和考察，对如何把散点的景观串成线和片，做了多次调整。此外，对写作文风做了一定的探索，努力往美文方向发展，以增强其可读性。

本书在编写过程中，得到了北碚区相关部门及各界专家的指导和支持，特别是得到了北碚区摄影家协会在景观图片方面的倾力相助，尹国强博士参与了北碚景观故事的前期搜集整理工作。此外，我们利用了部分已有资料，在此一并致谢致敬！

伴随着北碚区文旅综合创新发展的推进，我们深信，北碚这座嘉陵江边的璀璨明珠，将越来越美。老景观还会提档升级，新景观还会不断涌现。本书没能介绍完全，没能写好的，就留给未来去完善、去润色、去丰富。

本书编写组

2024 年 3 月